Ruben Guzman

El Poder
Mágico
de la Palabra

El Poder Mágico de la Palabra

Florence Scovel Shinn

Grupo Editorial Tomo, S. A. de C. V.
Nicolás San Juan 1043
03100 México, D. F.

1a. edición, junio 1998.
2a. edición, abril 1999.

© Título Original en Inglés: The Power of the Spoken Word.

© 1998, Grupo Editorial Tomo, S. A. de C. V.
Nicolás San Juan 1043, Col. Del Valle
03100 México, D. F.
ISBN: 970-666-055-0
Miembro de la Cámara Nacional
de la Industria Editorial No. 2961

Diseño de la portada: Emigdio Guevara

Traducción: Luis Rutiaga.

Impreso en México - Printed in Mexico

Contenido

Prólogo 7

Armas que ustedes no conocen 9

Dio hasta su poder 19

Sé fuerte, no temas 31

La gloria del Señor 45

Paz y prosperidad 55

Tu gran oportunidad 63

No estar ansioso por nada 73

Sin temor 85

Victoria y realización 97

Prólogo

Florence Scovel Shinn enseñó metafísica en New York durante muchos años. Sus reuniones siempre fueron muy concurridas y de esa manera ella tuvo los medios para ofrecerles el mensaje a un número considerable de personas.

Sus libros han tenido una extensa circulación, no sólo en América sino también en el extranjero. Tal parece que tienen una especial habilidad para encontrarse en los lugares más remotos e inesperados de Europa y en otras partes del mundo. Ya que de vez en cuando hay alguien que viene con la Verdad, después de encontrar un libro de Florence Scovel en el lugar más inesperado.

Un secreto de su éxito es que siempre fue ella misma... familiar, informal, amigable y con un gran sentido del humor. Nunca buscó escribir de una manera conservadora o para tratar de impresionar. Por todo esto, consiguió interesar a miles de personas, para que pudieran recibir el mensaje espiritual de una forma convencional y digna, y estuvieran dispuestas a leer... por lo menos como inicio... los libros básicos de metafísica.

Ella misma fue muy espiritual, aunque usualmente lo ocultaba detrás de los hechos y por el trato aparentemente despreocupado que la daba al tema. Lo muy técnico o lo académico no eran para ella. Enseñaba de una manera familiar, práctica y por medio de ejemplos cotidianos.

Había trabajado como artista e ilustradora de libros antes de convertirse en maestra de la Verdad, y perteneció a una de las familias más antiguas de Filadelfia.

Nos dejó una colección de notas y minutas con las cuales se ha hecho el presente libro. Ojalá que tenga una amplia difusión.

Emmet Fox

Armas que ustedes no conocen

"¡**Y**o tengo armas que ustedes no conocen!; ¡tengo caminos que ustedes no conocen! ¡tengo cauces que ustedes no conocen! ¡Armas misteriosas, caminos misteriosos, cauces misteriosos! Dios trabaja en forma misteriosa para realizar Sus maravillas." El problema con la mayoría de las personas está en que quieren saber el camino y los cauces de antemano. Quieren decirle a la Inteligencia Suprema cómo debe contestarles a sus oraciones. No tienen fe en la sabiduría y la creatividad de Dios. Oran, pretendiendo darle a la Inteligencia Infinita, direcciones definidas de cómo obrar; en consecuencia, ellos quieren limitar al Santo de Israel.

Jesucristo dijo: "Cuando ustedes oran, creen que ya lo tienen." ¿Qué podría ser más simple o más directo?

"Hay que ser como un niño pequeño para entrar en mi reino." Podemos parafrasear las escrituras y decir, tengan la esperanza de un niño pequeño y sus oraciones serán atendidas. El niño espera con júbilo y esperanza por sus juguetes en Navidad. Utilizo la imagen del pequeño niño quien pidió un tambor para Navidad. El niño no se queda despierto toda la noche pensando en su tambor. Se acuesta y duerme como un bendito. Al despertar por la mañana, salta fuera de la cama, listo para ese día feliz que lo está esperando y contempla maravillado lo que tiene ante él.

Una persona adulta pasa la noche en vela dándole vueltas a su problema. En lugar del tambor habla de una gran suma de dinero. ¿No puede dejar de pensar en qué forma llegará hasta él y en qué momento? Dirá que su fe en Dios es completa, pero que le gustaría saber más acerca de la manera y como lo hace. Y la respuesta llega, "Yo tengo armas que ustedes no conocen." "Mis formas son ingeniosas, mis métodos son seguros."

"Ten fe en mí, confía en tus caminos hacia mí." Confiar de esta manera en el Señor les parece muy difícil a la mayoría de las personas. Significa, por supuesto, seguir su intuición, la intuición es el sendero mágico, el camino directo hacia su demostración. La intuición es una facultad Espiritual que está por encima del intelecto. Es esa "vocecita silenciosa" normalmente llamada corazonada, que nos dice, "Este es el camino, que hay que andar." Me refiero a la intuición muy a menudo por ser la parte más importante del desarrollo Espiritual. Es la Guía Divina. Es Dios dentro de uno, es el ojo que vigila sobre Israel y nunca se adormece o duerme. Con él, nada es insignificante. Reconozcámoslo en todas sus formas y allanará nuestros caminos. Recordemos no despreciar el día por sus pequeñas cosas (esos eventos aparentemente insignificantes).

Es muy difícil para una persona que siempre se ha dejado llevar por sus razonamientos, de repente seguir su intuición, sobre todo para las personas que tienen, lo que se llaman, hábitos regulares. Acostumbrados a hacer las mismas cosas cada día en el mismo horario. Comen cuando les dice el reloj. Se despiertan y se acuestan, siempre a la misma hora. Cualquier desviación los altera.

Tenemos el poder de escoger; seguir el sendero mágico de la intuición, o el largo y duro camino de la experiencia, obedeciendo el razonamiento. Por seguir el superconsciente llegamos a la cumbre. En la intuición, están las imágenes de la juventud y de la vida eternas; donde la muerte se vence a sí misma. Tenemos el poder para imprimir en la mente subconsciente las imágenes de la juventud Eterna y vida Eterna. El subconsciente, al ser un simple poder sin dirección, lleva a cabo esta idea, y tenemos nuestros cuerpos transmutados en el cuerpo que nunca puede morir. Vemos esta idea parcialmente expresada en la película "El Horizonte Perdido." Shangri-La fue una imagen simbólica del "Mundo Maravilloso," donde todas las condiciones son perfectas.

Hay un modelo Espiritual para vuestro cuerpo y vuestros hechos. Lo llamo el Plan Divino y este Plan Divino es una Idea Perfecta en nuestra mente superconsciente. Para la mayoría de las personas es algo lejano el poder manifestar la Idea Divina en sus cuerpos y hechos. Han estampado imágenes opuestas, como la enfermedad, la vejez y la muerte en el subconsciente, y estas órdenes las han llevado a cabo cuidadosamente. Ahora tenemos que dar una orden nueva; "Permito manifestar ahora la Idea Divina en mi mente, cuerpo y hechos." Esta declaración se imprimirá en el subconsciente al repetirla y quedarán asombrados por los cambios que pronto tendrán lugar. Serán bombardeados por ideas nuevas e ideales nuevos. Un cambio químico ocurrirá en vuestro cuerpo. Cambiará vuestro ambiente por uno mejor, extendiéndose rápidamente en el Diseño Divino, donde todas las condiciones son siempre perfectas.

"Alzándose por arriba de sus cabezas, vuestras verjas, y al ascender vuestro ser, vuestras puertas eternas; el Rey de la Gloria entrará. ¿Quién es este Rey de la Gloria? El Señor (o Ley) fuerte y poderoso. El poderoso Señor en batalla."

Ahora recuerden, la Biblia habla acerca de pensamientos y estados de la conciencia. Hay una imagen de las Ideas Perfectas en la mente superconsciente, abalanzándose en su mente consciente. Las verjas y puertas se alzaran, y "El Rey de la Gloria entrará."

Este Rey de la Gloria tiene las armas que ustedes no conocen y ha puesto en fuga al ejército de forasteros (los pensamientos negativos atrincherados en sus conciencias por edades innumerables). Estos pensamientos negativos siempre han derrotado a la manifestación de los anhelos en vuestro corazón. Son las formas de pensamiento que se han establecido en el subconsciente por pensar constantemente en las mismas cosas. Se han establecido como una idea fija "La vida es dura y llena de desilusiones." Estos pensamientos los encontrará en vida como experiencias concretas, por "Fuera de lo que imagina el corazón viene como resultado la vida."

"Mis caminos son caminos placenteros." Debemos construir en la conciencia un cuadro de paz, armonía y belleza y algún día saldrá y se hará visible. La Idea Divina de nuestra vida pasa a menudo como un destello por nuestra conciencia y nos parece algo demasiado bueno para ser verdad. Muy pocas personas cumplen sus destinos. Destino significa el lugar que debemos llenar. Estamos completamente equipados para el Diseño Divino de nuestras vidas. Estamos en iguales condiciones para cada situación. Si pudiéramos conseguir la realización de estas palabras, las puertas se abrirían al vuelo y los cauces se aclararían. Podríamos oír realmente el murmullo de la actividad Divina, y nos uniríamos con la Inteligencia Infinita, la cual no conoce la derrota. Las oportunidades vendrían a nosotros de sitios inesperados. La actividad divina operaría en todos nuestros asuntos y la Idea Divina llegaría a realizarse.

Dios es Amor pero también Dios es la Ley, "Si vosotros me aman, observen mis mandamientos" (o leyes). El Dr. Ernest Wilson me reveló este primer conocimiento de la Verdad el cual vino cuando acababa la lectura de la obra de Emerson "Concentración". Concentración significa absorción amorosa. Vemos a los niños absortos amorosamente en sus juegos. Nosotros sólo podemos tener éxito si seguimos una línea que realmente nos interese. Los grandes inventores nunca se aburren con su trabajo, o no llevarían a cabo sus magníficas invenciones. No trate nunca de forzar a un niño a realizar algo que no quiera hacer. Sólo obtendría un fracaso. El primer destello hacia el éxito es estar contento de ser uno mismo. Hay tantas personas que están aburridas por ser ellas mismas. No se tienen confianza, y siempre desean estar en el lugar de alguna otra.

Cuando estaba en Londres vi a un hombre que vendía en la calle una canción nueva, se llamaba, "Le hago cosquillas a la muerte que esta en mí." Pensé que era una idea maravillosa; lo primordial es estar contento por ser uno mismo. Entonces te puedes extender rápidamente en el plan Divino donde tu vida cumple su destino. Deberías estar seguro de que el plan Divino de tu vida te dará la satisfacción perfecta. No tener nunca más envidia de alguien. Las personas a menudo son impacientes y se descorazonan. Me inspiré al leer en el periódico acerca de Omaha, el famoso caballo de carreras. El artículo decía, "Omaha tiene que correr una milla antes de iniciar su paso largo." Hay, sin ninguna duda, muchos Omahas en el mundo, y ellos pueden iniciar su paso largo Espiritual, y ganar la carrera, en un parpadeo.

"Deléitate tú mismo también en el Señor, y El te dará los anhelos de tu corazón." Deléitate en la ley y nosotros te daremos los anhelos de tu corazón. "Deleitémonos en la ley" intentemos disfrutar haciendo una demostración. Disfrutemos al confiar en Dios, intentando ser felices al guiarnos por la intuición. La mayoría de las personas dicen, "Oh Dios; tienes que demostrarme comó obtener dinero otra vez;" o también, "Oh Dios, mis corazonadas me ponen nervioso y no tengo el coraje para seguirlas." Las personas disfrutan al jugar al golf y al tenis, ¿por qué no pueden disfrutar jugando El juego de la vida? Esto es porque jugamos con fuerzas que no podemos ver. Con el golf o el tenis, tenemos pelotas que se pueden ver y una meta visible; ¿pero cuán más importante es este juego de la vida? La meta es el diseño Divino de nuestra vida, donde todas las condiciones son siempre perfectas.

"En todas sus formas reconocerlo y El allanará vuestros senderos." Cada momento en que podemos unirnos con la intuición, servirá definitivamente para guiarnos como si fuera un poste indicador. Así muchas personas son guiadas por su vivir complicado al tratar de pensar como salir en lugar de "intuir" la salida.

Conozco a una mujer la cual dice que tiene un conocimiento completo de la Verdad y sus aplicaciones, pero en el momento que tiene un problema, razona, pesa y mide la situación. Está nunca se resolverá. La intuición vuela por la ventana cuando la razón viene a la puerta. La intuición es una facultad Espiritual, es el superconsciente, y nunca se explicará a sí misma. Una voz llegó antes que la mía, y dijo, "Este es el camino, ustedes deben andarlo." Alguien me preguntó si la mente razonando fue buena alguna vez. El razonamiento debe ser redimido. Confiemos en la ley Espiritual y todo "se nos dará."

Vuestro cometido es ser un buen receptor, prepararse para su bendición, regocijarse y dar gracias cuando suceda.

Yo tengo armas que ustedes no conocen y tengo caminos que los sorprenderán.

Dio hasta su poder

Lucas 10: 19

El regalo de Dios para el hombre es su poder; el poder y dominio sobre todas las cosas creadas; su mente, su cuerpo y su acontecer. Toda la infelicidad viene de la falta de ese poder. El hombre se imagina débil y víctima de las circunstancias, exige esas "condiciones sobre las cuales no tiene control" causando su derrota. El hombre por sí mismo, es desde luego, una víctima de las circunstancias; pero unido con el poder de Dios todas las cosas son posibles.

Es por el conocimiento de la metafísica que descubrimos cómo se puede obtener. Por nuestras palabras nos ponemos en contacto con ese poder. Entonces, milagrosamente, cada carga es levantada y se gana cada batalla. La vida y la muerte están en el poder del hablar. Observa tus palabras con toda diligencia. Tu estas cosechando continuamente los frutos de tus palabras. "Y al que se sobrepone y mantiene mis obras hasta el fin, a él le doy el poder y dominio sobre las naciones." Sobreponerse significa conquistar todas las dudas, miedos y vibraciones negativas. Un hombre con paz perfecta y equilibrio perfecto, lleno de amor y buena voluntad, podría disolver todas las vibraciones negativas. Las fundiría como la nieve bajo el sol. Jesucristo dijo: "Les doy todo el poder para traer el cielo a la tierra." Nos permitimos dar gracias por que esto suceda ahora, para que el mal sea irreal y poder salir sin ninguna mancha. Este poder de Dios está dentro de ti, en tu mente superconsciente. Es el reino de la inspiración, la revelación y la iluminación. Es el reino de los milagros y maravillas. Rápidos y aparentemente imposibles los cambios ocurren por nuestro bien. Se abren las puertas donde no había ninguna puerta. El suministro aparece por cauces ocultos e inesperados, porque "Dios tiene armas que ustedes no conocen."

Al trabajar con el poder de Dios enderezamos nuestro camino y se tranquiliza el razonar de la mente. A ese instante que pregunta, la Inteligencia Infinita conoce la forma de consumarlo. Al hombre la parte que le corresponde es regocijarse, dar gracias con sus actos de Fe. Una mujer muy conocida en Inglaterra me narró esta experiencia: Preguntaba, con gran sentimiento, por una comprensión de Dios. Y estas palabras llegaron a ella "Actúa como lo que fui, y lo que soy." Esto es exactamente lo que me dijo, una y otra vez, sólo la Fe activa impresiona el subconsciente, y a menos que se fijen en el subconsciente, no obtendremos resultados.

Ahora les daré un ejemplo que demuestra como la ley trabaja. Una mujer acudió a mí deseando de corazón tener un buen matrimonio y un hogar feliz. Estaba muy ligada a cierto hombre, pero éste era una persona muy difícil. Después de que ella le había demostrado su atención y devoción, él de repente cambió, y salió de su vida. Ella se veía infeliz, resentida y descorazonada. Le dije, "¡Ahora es el momento de preparar tu hogar feliz! Compra cosas pequeñas como si no tuvieras un momento para ahorrar." Y así llegó a estar muy interesada en la compra de su hogar feliz, cuando todas las apariencias estaban en su contra. "Ahora," le dije, "tendrás que hacer perfecta esta situación y llegar a ser inmune a todo resentimiento e infelicidad. " Le di la declaración: "ahora estoy inmune a toda herida y resentimiento: mi equilibrio es como una roca, con Cristo dentro de mí." Le dije, "Cuando tu seas inmune a toda herida y resentimiento, ese hombre se te dará o su equivalente." Pasaron muchos meses, hasta que una tarde vino a verme y me dijo, "tengo sólo sentimientos buenos y amistosos por este hombre. Si él no es la selección Divina, estaría feliz sin él." No mucho tiempo después, sucedió que encontró al hombre, estaba muy afligido por la manera en que había actuado. Le rogó que lo perdonara. Al poco tiempo, se casaron y el hogar feliz vino a manifestarse. Había construido alrededor de su Fe activa.

Tus enemigos sólo están dentro de ti. Los enemigos de esta mujer eran "dolor" y "resentimiento." Había desde luego "serpientes y escorpiones." Muchas vidas han naufragado por estos dos enemigos. Al unirse con el poder de Dios, toda oposición desapareció en la vida de esta mujer. De ninguna forma podía ser lastimada.

Piense lo que significa, tener una vida libre de todas las experiencias infelices. Se obtiene al tener un contacto consciente con el poder de Dios a cada momento. Muchas veces en la Biblia, la palabra "poder" es mencionada. "Tú debes recordar al Señor como tu Dios, porque El es el que da el poder para conseguir la riqueza."

Una persona con una conciencia rica atrae riquezas. Una persona con una conciencia pobre atrae pobreza. He visto a personas en esta Verdad, animados por la falta y limitación para unirse con el poder de Dios, no dependen de lo externo, confían en que Dios les de ese poder irresistible; por esta Inteligencia Suprema sólo conocemos el Camino del cumplimiento. "Confíen en Mí y todo sucederá."

Todo nuestro conocimiento de la Verdad puede llevarnos a saber que Dios es el único Poder. Un Poder, una Presencia, un Plan.

Cuando se tiene la idea fija de que tan sólo hay un Poder en el universo, el poder de Dios, toda apariencia de maldad desaparecerá de su mundo. Al obtener una demostración debemos reconocer un solo Poder. La maldad viene del propio hombre "imaginado vanamente" Retira todo poder de la maldad y ésta no te podrá herir.

Les daré un ejemplo que muestra el funcionamiento de la ley. Estaba en un restaurante con una amiga quien encontró algo en su vestido. Ella estaba segura de que una mancha saldría. Le dije, "le daremos un tratamiento" He hice la declaración, "El mal es irreal y al salir no deja ninguna mancha." Luego continúe, "Ahora, no mires, déjalo a la Inteligencia Infinita." Una hora después miramos y no había ni la más ligera mancha.

Lo que es verdadero para las cosas pequeñas es verdadero para las cosas grandes. Puedes usar esta declaración para infortunios pasados o equivocaciones, y de algún modo u otro, bajo la Gracia, los efectos desaparecerán, saldrán sin dejar mancha.

Muchas personas usan su poder personal en lugar de el poder de Dios, lo cual siempre trae reacción infeliz. Poder personal significa compulsión personal. Les daré el ejemplo de una mujer que vino a verme hace tiempo. Se casó con un hombre que trabajaba en un periódico dibujando tiras cómicas. Sus dibujos demandaban el conocimiento del lenguaje que utilizaba para esto. Ella decidió que él debería cultivar su mente y leer los clásicos. Se mudaron a una comunidad escolar para que él pudiera asistir a la universidad. Ella insistió en que él fuera a la universidad. ¡El se resistió un poco al principio y luego le empezó a gustar! Pronto se empapó con los clásicos. Ya no hablaba de otra cosa que no fuera de Platón o de Aristóteles. Quería la comida cocinada de la misma forma que ellos la habían cocinado y comer con la misma sencillez que ellos habían comido. Su vida había llegado a ser una pesadilla. Después de esto ya nunca trató de cambiar a las personas. La única persona que cambia, eres tú misma. ¡Cuando tú cambias, todas las condiciones alrededor de ti cambiarán! ¡Las personas cambiarán!

Cuando estás tranquilo por una situación ésta caerá lejos por su propio peso. Nuestra vida es desdibujada por la suma total de sus creencias subconscientes. Dondequiera que vayas, llevas esas condiciones contigo.

"Soy fuerte en el Señor y en el Poder de Su fuerza."

"Estoy respaldado por innumerables huestes de poder."

El Poder significa dominio y dominio significa control. El hombre controla las condiciones por el conocimiento de la ley Espiritual. Supone que su problema es por carencia o limitación. Su necesidad urgente es el suministro. Se une con el poder de Dios y da gracias por su abasto inmediato. Si está demasiado cerca de la situación, si se llena con dudas y miedos, acude a un Practicante por ayuda, alguien que vea claramente por él.

Un hombre me dijo que en un Centro de la Verdad en Pittsburgh escuchó a la gente hablar acerca de mí y les preguntó, "¿Quién es esa tal Florence Scovel Shinn?" Alguien contestó, "Oh, ella escribió El Juego de la Vida, si usted le escribe podrá obtener un milagro." Rápidamente me escribió y consiguió una demostración. Jesucristo dijo, "Cuando dos de ustedes están de acuerdo, se realizará." No vacile en pedir ayuda si no puede ver claramente por su bien. Jesús Cristo vio claramente por las personas que sanó. El no les dijo a ellas como curarse a sí mismas. Por supuesto, puedes alargar el estado donde no se requiere nada de ayuda, cuando tienes la idea fija de que el Poder de Dios es el único Poder y de que el Plan de Dios es el único Plan.

No podemos tomar bendiciones de la Inteligencia Infinita, se nos deben de dar. La parte que al hombre le corresponde es ser un receptor agradecido. "Aquí está dándote su poder para caminar entre serpientes y escorpiones y pasar sobre todo el poder del enemigo, y nada podrá, por ningún medio, herirte." "Tus hechos con El te dan el dominio sobre las obras de sus manos y te ponen todas las cosas bajo tus pies. Sobre toda oveja y buey, y hasta las bestias de los campos" Esta es la idea que el hombre tiene de Dios, pero la idea que el hombre tiene de sí mismo, es de limitación y fracaso. Es solamente en un gran momento, cuando el hombre parece alcanzar su poder y dominio.

Es hasta que enfrentamos una situación de escasez, cuando manifestamos de pronto el poder que ya se nos había dado. He sabido de personas, las cuales normalmente son ansiosas y nerviosas, que llegan a tener serenidad y fortaleza cuando le hacen frente a una situación importante.

"¡Escucha, Oh Israel! No tenemos necesidad de luchar, permanecemos tranquilos y presenciamos la salvación del Señor." Las personas a menudo se preguntan, "¿Qué significa el permanecer tranquilos, sin hacer nada en absoluto?" "Permanecer tranquilo" significa guardar el equilibrio. Una vez le dije a un hombre el cual se mostraba tenso y ansioso, "Tómalo con calma y presencia la salvación del Señor" El me contestó, "A mí; eso me ha ayudado mucho." La mayoría de las personas son puestas a prueba con demasiada dureza. Tienen que soportar sus cargas y librar sus batallas y por eso, siempre están en conflicto y nunca consiguen, lo que llamamos, una demostración. Manténte a un lado, y contempla la salvación del Señor. Podemos parafrasear las Escrituras y decir, "¡Escucha! ¡Oh Israel!, nunca conseguirás ganar esa batalla combatiendo, déjamela exclusivamente a Mi y te la daré."

Siguiendo el sendero mágico de la intuición escaparás de todas las complicaciones y fricciones, y trazarás un camino recto hacia tu demostración. Hay que recordar que nosotros decimos que no despreciamos las pequeñas cosas cotidianas. Es una gran equivocación pensar que cualquier cosa es insignificante. Fui a una tienda a comprar dos artículos. En mi vecindario hay dos tiendas, una es cara y en la otra las cosas son un poco más baratas, pero los artículos eran exactamente los mismos. El razonamiento me decía, "Ve al lugar más barato" pero mi intuición me dijo, "Ve al lugar más caro." por supuesto, seguí el sendero mágico. Le dije al empleado lo que quería. Y él me dijo: "Los dos artículos se venden hoy por el precio de uno, porque están anunciando a uno de los productos." Así mi intuición me llevó al precio y lugar correctos. La diferencia en el precio fue de sólo cincuenta centavos pero la intuición siempre cuida de nuestros intereses. Si hubiera tratado de conseguir algo más barato, habría ido a la otra tienda y hubiera pagado doble. Aprendamos de las cosas pequeñas, y estaremos listos para manejar las cosas grandes.

Estudiando de cerca las Escrituras, hallamos, que el regalo de Dios para el hombre es el poder. Las cosas y las condiciones nos seguirán automáticamente. Dios le da al hombre el poder para su satisfacción. Le da poder sobre los elementos. Le da poder para curarse y arrojar fuera sus demonios.

"Ellos esperan eso del Señor para renovar sus fuerzas. Levantar su vuelo con alas de águila, correr y no cansarse, y caminar sin desmayar."

Permite que nos demos cuenta de que ese poder invencible está al alcance de todos. ¡"Quienquiera que llame en el nombre del Señor, se le entregará"! Para que hallemos la Palabra que une al hombre con su omnipotencia. Esta Inteligencia Suprema es mucho más que levantar cada carga y luchar cada batalla.

Todo el poder te es dado para traerte mi cielo sobre tu tierra.

Sé fuerte, no temas

¡Sé fuerte! No temas; el temor en el hombre es su único adversario. ¡Se enfrenta a la derrota cuando está temeroso! Teme fracasar. Teme la pérdida. Teme su personalidad. Teme la crítica. El temor le roba todo el poder, por que ha perdido su contacto con la Casa del Poder Universal. "¿Por qué estáis temerosos, Oh, vosotros de poca fe?" La fe se vuelve temor. Está fe se invierte. Cuando está temeroso empieza por atraer las cosas hacia su temor: lo magnetiza. Está hipnotizado por que esta idea continua lo tiene asustado.

Daniel estaba tranquilo porque sabía que su Dios era más fuerte que los leones, Su Dios hizo a los leones tan inofensivos como gatitos, así caminarás sobre tu león tan rápidamente como sea posible y lo verás por ti mismo. Quizás, toda tu vida has huido de algún león en particular. Has hecho tu vida miserable y tu cabello se ha vuelto gris. Una peluquera una vez me dijo que conoció a una mujer, cuyo cabello gris volvió a su color natural cuando ésta dejó de preocuparse. Una mujer me dijo durante una entrevista, "no soy muy temerosa, pero me preocupo mucho." El temor y las preocupaciones son gemelos y una misma cosa. Si tú no tienes temor, las preocupaciones que te aprisionan se volverán estériles. ¿Porqué estáis angustiados, Oh vosotros de poca fe? Yo pienso que el temor que más prevalece es el temor de la pérdida. Quizás se tiene todo lo que la vida nos puede dar, pero se arrastra el viejo león de la aprehensión. Oímos que gruñe, "¡Es demasiado bueno para ser verdad! No puede durar." Si le prestamos atención nos preocuparemos más.

Muchas personas han perdido lo que más apreciaban en la vida. Esto es porque invariablemente temen la pérdida. La única arma que pueden usar contra sus leones es su palabra. Su palabra es su vara, llena de magia y poder. Si agitan su vara por encima de su león, lo transmutarán en un gatito. PERO el león se quedará en león a menos que caminen sobre él. Me preguntarán, "¿COMO se hace para caminar sobre los leones?" ¡Moisés lo dijo para su gente, "¡No teman, permanezcan tranquilos y contemplen la salvación del

Señor, el cual les mostrará en este día a los egipcios, con quienes ustedes han vivido hasta hoy; los verán por ultima vez y luego nunca más! El Señor luchará por ustedes y tendrán su paz." Qué acuerdo tan maravilloso!

La Inteligencia Infinita conoce la salida. La Inteligencia Infinita sabe donde está el suministro, para cada demanda. Pero debemos confiar, guardar nuestro equilibrio y dar lo mejor de nosotros. Hay tantas personas que están asustadas de otras personas. Huyen de situaciones desagradables, y por supuesto, la situación corre detrás de ellos.

"El Señor es mi luz y mi salvación: ¿a quién debo temer? El Señor es la fuerza de mi vida: ¿de quién debo asustarme?" ¡El Salmo veintisiete es uno de los Salmos más triunfantes! Es también rítmico y musical. El escritor se dio cuenta de que ningún enemigo podría dañarlo, porque el Señor era su luz y su salvación. Ahora recuerda, tus únicos enemigos están dentro de ti. La Biblia nos habla de los pensamientos del enemigo, de sus dudas, sus miedos, sus odios, sus resentimientos y presentimientos. ¡Cada situación negativa en tu vida es un idea que cristaliza, se ha construido por tu vano imaginar! Pero estas situaciones no pueden mantenerse ante la luz de la verdad. Así, enfrentando sin temor la situación, decimos, "El Señor es mi luz y salvación; ¿a quién debo temer?"

Jesucristo fue el metafísico más grande y nos dio reglas definidas para controlar las condiciones por la palabra y el pensamiento. "Tú tendrás que ser más sabio que mis enemigos." Lo primero de todo, es que debes ser más sabio que los pensamientos de tus enemigos, el ejército de los forasteros. Debes responder a cada pensamiento negativo con una palabra de autoridad. El ejército de los forasteros cantará: "El negocio está quebrado y el dinero escasea." Contesta inmediatamente, "Mi suministro viene de Dios y ahora aparece como hongos en la noche." No hay tiempos difíciles en el reino. Mientras tendrás que mantenerte completamente alerta, como la canción de Katy-hacía "Katy hacía-Katy no hacía" y así sucesivamente. Finalmente ganarás, y la verdad prevalecerá y habrás puesto en fuga al ejército de los forasteros. Y después, cuando descuides tu guardia, el ejército de los forasteros comenzará de nuevo; "no serás apreciado, tú nunca tendrás éxito." Contesta inmediatamente: "Dios me aprecia, por lo tanto ese hombre me apreciará. Nada puede interferir con mi diseño divino del éxito." Finalmente el ejército de los forasteros será disuelto y disipado, porque no consigue tu atención. Tendrás fuera a los forasteros famélicos. Hambrientos de los pensamientos temerosos, pero no conseguirán tu atención ni tus actos de fe. El león obtiene su ferocidad de su miedo, su rugido está en los temblores de su corazón. Permanece tranquilo igual que Daniel, y escucharás muy pronto el llegar de los ángeles que El te envía para que estén de tu lado.

La misión de Jesucristo era el despertar de las personas. "Despiértate tú que duermes." La personas duermen en el sueño Adámico de los opuestos. La carencia, la pérdida, el fracaso, el pecado, la enfermedad y la muerte les parecen realidades. La historia de Adán dice que comió del árbol de la Ilusión y cayó en un sueño profundo. En este sueño profundo él imaginó vanamente lo bueno y lo malo.

Bernard Shaw, en su libro Retorno a Matusalén, dice "Adán inventó el asesinato, el nacimiento y la muerte, y todas las condiciones negativas." Fue el desarrollo del razonamiento. Por supuesto, Adán representa a la Mente Genérica. En la fase de el Jardín del Edén, el hombre funcionaba sólo en el superconsciente. Cualquier deseo siempre lo tenía a su alcance cuando lo requería. Con el desarrollo del razonamiento vino la caída del hombre. Razonó en las carencias, las limitaciones y el fracaso. Se ganó el pan con el sudor de su frente, en lugar de ser provisto por la Divinidad.

El mensaje de Jesucristo fue traer a las personas de regreso a la "cuarta dimensión," el Jardín del Edén consciente. En el capítulo catorce de Juan hallamos la suma de todas Sus enseñanzas. Las llamó, "El Evangelio," que significa "Buenas Nuevas." Con simplicidad asombrosa y sin desviarse, les dijo a las personas que si preguntaban y creían, ellos recibirían; atribuyéndole este poder siempre a estar con el Padre. ¡Dios es el Dador, el hombre es el receptor! ¡La Inteligencia Suprema suministra al hombre con todo lo que él desea y requiere! ¡Esta fue ciertamente una doctrina para despertar a las personas! Y probó Sus declaraciones con milagros y maravillas.

Uno de los milagros más dramáticos fue la curación de un hombre el cual era ciego de nacimiento. Los antagonistas de Jesús le preguntaron al hombre, esperando hallar algo para usarlo contra El. Pero el hombre solamente decía: "Sólo una cosa sé; mientras que antes estaba ciego, ahora puedo ver." Esta es una maravillosa declaración que podrán hacer por ustedes mismos. "Mientras que antes estaba ciego, ahora puedo ver." Quizás están ciegos hacia el bien, ciegos a las oportunidades, ciegos hacia donde los lleva la intuición, ciegos en apariencia, tomando equivocadamente a los amigos por enemigos. Cuando despierten en el bien, sabrán que no hay ningún enemigo, porque Dios utiliza a cada persona y situación para vuestro bien. Los estorbos son amistosos y los obstáculos son piedritas en el camino. Uno con Dios, llega a ser invencible.

Esta es una declaración muy poderosa: "El Poder Invencible de Dios barre con todo lo que está ante El. Yo floto sobre las olas hacia mi Tierra Prometida." Flotando sobre las olas, tomando el rumbo hacia nuestro destino, libre de la resaca de los pensamientos negativos, que nos llevarían hacia abajo. Nuestros pensamientos y deseos siempre son tomados de alguna parte. Prentiss Mulford dijo: "El propósito persistente, ese fuerte deseo, ese anhelo que nunca cesa, es una semilla en la mente. ¡Está enraizada ahí, está viva! ¡Nunca para de crecer! Hay una ley maravillosa implicada en ello. Esta ley cuando es conocida, hay que seguirla y confiar, y lleva a cada individuo hacia resultados poderosos y bellos. ¡Esta ley cuando es seguida con los ojos abiertos, nos lleva hacia una vida con más y más felicidad; pero siguiéndola ciegamente con los ojos cerrados, nos lleva hacia la miseria!"

Esto significa que el deseo es una fuerza tremenda vibratoria y que se debe dirigir debidamente. Reciban esta declaración: "¡Yo sólo deseo lo que la Inteligencia Infinita desea para mí. Exijo lo que es mío por derecho Divino y el estar bajo su Gracia en el Camino Perfecto!" Entonces dejaremos de desear las cosas malas, y los rectos deseos tomarán su lugar. Nuestros deseos tristes serán contestados tristemente, los deseos impacientes serán largamente dilatados o violentamente cumplidos. Es importante nunca perder esto de vista. Muchas situaciones infelices han sido causadas por la tristeza o por los deseos impacientes.

Les daré el ejemplo de una mujer que se casó con un hombre al cual le gustaba que ella lo acompañara cada tarde. Salió con él noche tras noche hasta que anheló poder permanecer en casa y leer un libro. El deseo fue tan fuerte que comenzó a brotar. Su esposo se fue con otra mujer. Ella lo perdió a él y a su apoyo; pero ahora tenía tiempo para quedarse en casa y leer un libro. Nada ha llegado alguna vez sin ser invitado a nuestra vida.

Prentiss Mulford tenía también algunas ideas interesantes sobre el trabajo. El dijo: "El éxito en cualquier empresa, en el arte, en el comercio o en cualquier profesión, simplemente hay que mantenerlo siempre fijo en la mente como un objetivo, y entonces estudiarlo para hacer que todo ese esfuerzo hacia él sea juego o recreación. El momento hace el trabajo duro, nosotros no avanzamos."

Cuando recuerdo mis experiencias en el mundo de las artes, veo cómo esto es verdad. De la Academia de Bellas Artes en Filadelfia, vinieron ocho hombres, todos más o menos de la misma edad, los cuales llegaron a ser artistas distinguidos y exitosos. Fueron llamados "Los Ocho" en el Arte Contemporáneo. Ninguno de ellos fue conocido alguna vez por trabajar duro. Nunca dibujaron a la antigua; nunca hicieron algo en forma académica. Simplemente se expresaron. Pintaron y dibujaron porque les encantaba o por mera diversión. Contaban un cuento entretenido de uno de ellos, el cual había sido un muy conocido artista del paisaje, tenía muchas medallas y menciones honoríficas en varias exhibiciones. En una ocasión, durante una exposición personal en la ciudad de Nueva York, en una de las grandes galerías, estaba sentado leyendo el periódico. Una mujer entusiasta llegó apresuradamente hasta él y le dijo: "¡Puede usted decirme cualquier cosa acerca del hombre maravilloso que pintó estos cuadros adorables!" Y él contestó: "Desde luego, yo soy el tipo que pintó todas estas condenadas cosas." Las pinto por diversión, y no me importa si les gustan a las personas o no.

Mientras que antes estaba ciego, ahora puedo ver, mi labor es correcta, mi propia expresión perfecta. Mientras que antes estaba ciego, ahora puedo ver claro y distinto el plan Divino de mi vida. Mientras que antes estaba ciego, ahora puedo ver, que el poder de Dios es el único poder y que este plan de Dios es el único plan. El pensamiento lucha todavía con la creencia en la inseguridad. "¡Despiértate, tú que duermes!" Dios es nuestra eterna garantía de mente, cuerpo y hechos. "No permite que se perturbe nuestro corazón, que ninguno de nosotros esté asustado." ¡Si tu amplio despertar es bueno, no podrás ser perturbado y temer! Despertando en la verdad, no hay pérdida, carencia o fracaso en el reino de la realidad; la pérdida, la carencia o el fracaso desaparecerán de tu vida. Todo viene de tu vano imaginar.

Lo siguiente es un ejemplo que ilustra cómo funciona la ley. Hace varios años, cuando estaba en Londres, compré una pluma fuente maravillosa en Asprey. Era japonesa y la llamaban Pluma Namike. Era bastante cara y me dieron con ella una garantía por treinta años. Estaba muy impresionada, porque cada verano, en el cinco de agosto, me escribían preguntando si la pluma continuaba conmigo; se podía haber pensado que había comprado un caballo. No era una pluma ordinaria y estaba muy satisfecha con ella. Siempre la llevaba conmigo y un día la perdí. Inmediatamente comencé la negación de la pérdida. Y dije; "no hay ninguna pérdida en la Mente Divina, por eso no puedo perder la Pluma Namike. Se me restaurará o su equivalente." En ninguna tienda de la ciudad de Nueva York, que yo conocía, se conseguían estas plumas y Londres era un lugar muy apartado, pero yo se la encargaba a la Confianza Divina, no podía perder la Pluma Namike. Un día, viajando a través de la Quinta Avenida en autobús, mis ojos observaron un signo en una tienda por una fracción de segundo. Me pareció estar de pie afuera en la luz. Y leí, "Tienda Oriental de Artesanías." Nunca había oído de ella, pero tenía una fuerte corazonada por entrar y preguntar por una Pluma Namike. Me baje del autobús y fui a la tienda y pregunté. La vendedora me contestó, "Pues sí, tenemos un gran surtido y acabamos de rebajar su precio a $2.50." Alabé al Señor y di gracias. Compré tres, y narré esta experiencia en una de mis reuniones. Muy pronto se vendieron todas cuando la gente se abalanzó para conseguirlas. Este fue ciertamente un funcionamiento asombroso de la ley; porque estaba completamente despierta en mi bien.

Y no permití que ninguna hierba creciera donde mi intuición me conducía.

El estudiante de la Verdad sabe que debe probar el Principio en sus asuntos cotidianos. "Reconózcanlo en todas sus formas y los guiará por sus sendas." "En verdad, en verdad les digo, que el que cree en mí, y en las obras que yo hago, también se las haré, y hay obras más grandes que estas que deben hacerse, porque voy hacia mi Padre." ¡Qué Fe más maravillosa tenía Jesucristo en el hombre! Tuvo la visión de la contienda que venía. El hombre hecho a imagen y semejanza de Dios, (imaginación). "Y a quienquiera de vosotros que solicite en mi nombre, que lo haga, para que el Padre pueda ser glorificado en el Hijo." Si vosotros solicitan cualquier cosa en mi nombre se las daré. El les explicó a las personas que estaban en un sistema de regalos. Dios era el Dador, el hombre el receptor. "¿Creerías tú que no estoy en el Padre y que el Padre no está en mí? Las palabras que dirijo hacia ustedes no hablan de mí pero el Padre es el que mora en mí, El es el que realiza las obras." El le dijo a las personas "busquen el reino," el reino de las ideas perfectas, donde todas las cosas se les sumarán a vosotros. ¡El los despertó!

"Mientras que antes estaba ciego, ahora puedo ver, no hay nada que temer y no hay poder que me pueda herir. Veo ante mí claramente abierto el camino de la realización. No hay ningún obstáculo en mi senda."

Tú que le hiciste a El tener el dominio sobre las obras de tus manos: tú que has puesto todas las cosas debajo de Sus pies.

Salmo 8: 6

La gloria del Señor

Salmo 24

En el diccionario, encontré la palabra gloria, la definía como resplandor, esplendor. "Mis ojos han visto el fulgor del Señor" esto es lo que significa la ley en acción. No podemos ver a Dios, porque Dios es el principio, el Poder, la Inteligencia Suprema dentro de nosotros; pero podemos vernos como lo que somos, las pruebas de Dios. "Los probaré aquí a mi lado, dijo el Señor de la Hostia, si no, abriré las ventanas del oído, y verterán ustedes una bendición, tan grande, que no habrá lugar lo bastante amplio para recibirla." Probamos a Dios por dirigir el poder de Dios y confiando en El hacemos el trabajo. Cada vez que recibimos una demostración tenemos una prueba de Dios. Si no has recibido los deseos del corazón, tienes que haber "preguntado erróneamente," esto es, no tienes una "oración correcta." Recibirán su respuesta en la misma forma en que fue enviada la demanda. Sus deseos tristes serán contestados con tristeza, sus deseos impacientes serán largamente aplazados o violentamente cumplidos.

Suponga que está resentido por las carencias y limitaciones, y por vivir en un ambiente pobre. Dirá con gran sentimiento, "¡Yo quiero vivir en una casa grande, con un ambiente encantador!" Tarde o temprano, se encontrará siendo el conserje en una casa grande y bella, pero no tendrá ninguna parte de esta opulencia. Esta idea se me ocurrió cuando pasaba ante la casa y el terreno de Andrés Carnegie en la Quinta Avenida. Todo parecía cerrado, y la entrada y las ventanas estaban tapiadas hasta arriba. Había justo una ventana abierta en el sótano. Ahí era donde el conserje vivía. Era ciertamente un cuadro triste. Así que preguntemos (o anhelemos) con alabanzas y dando gracias, para que veamos la gloria de la ley en acción.

Toda vida es vibración. Combinando con todo lo que nos damos cuenta, o combinando con lo que vibramos. Si vibras con la injusticia y el resentimiento los encontrarás en tu senda, a cada paso. Pensarás ciertamente que el mundo es duro y que todo está en contra tuya. Hermes Trimegisto lo dijo hace varios miles de años, "Si cambian su ánimo deberán cambiar sus vibraciones." Lo hago más poderoso; y digo, "cambia tu mundo, y deberán cambiar tus vibraciones." Ténganlo presente en un lugar diferente, en la batería de su pensamiento, y verán la diferencia inmediatamente. Suponga que tiene resentimiento contra unas personas y le han dicho que no lo aprecian. Tome la siguiente declaración: "Dios me aprecia, por lo tanto, ese hombre me aprecia, y yo me aprecio a mí mismo." Inmediatamente se encontrará con algunos reconocimientos en lo externo.

Tú eres ahora un obrero del Maestro y tus herramientas son tus palabras. Y debes estar seguro de que edificas constructivamente, según el Plan Divino. El Juez Troward dijo: "El hombre es un distribuidor de el poder de Dios, él no crea esa fuerza." Hallamos en los Hebreos: "¿Qué es el hombre para que Tú de él te acuerdes? ¿Y el hijo del hombre que tú les mandaste? Tú hiciste de él un pequeño todo amor más bajo que los ángeles: y lo coronaste con gloria y honor. Tú hiciste que tuviera el dominio sobre las obras de tus manos, Tú le has puesto todas las cosas debajo de sus pies." Tú has puesto todas las cosas debajo de nuestra comprensión.

Llegamos ahora a la edad de la comprensión. Ninguno de nosotros tiene más fe que la de los campesinos, tenemos la fe de la comprensión. Salomón dijo: "Con todo lo que estás obteniendo, obtienes comprensión"; comprendamos el funcionamiento de la Ley Espiritual, para que se distribuya este poder dentro de nosotros en una forma constructiva.

La ley de leyes, es realizar para otros cuanto haríamos por nosotros; cualquier envío regresa y lo que hagamos a otros se nos retornará. Así, la mujer que se abstiene de criticar, se preserva de la crítica. Las personas que critican siempre serán criticadas. Viven en esa vibración. Tienen también reumatismo, por los pensamientos ácidos que produce acidez en la sangre, el cual les causa dolor en las articulaciones. Leí un artículo en el periódico. Decía que un médico tuvo una experiencia muy peculiar con una de sus pacientes. La mujer se acaloraba cada vez que su suegra la visitaba. No hay nada raro en esto, cuando ella se acaloraba (cuantas veces hemos oído a las personas decir que la rabia las quema), la calentura aparecía en su cuerpo. Esto no incluye a todas las suegras. Conozco algunas maravillosas, las cuales sólo han traído paz y armonía con ellas. Los problemas en la piel nos muestran que hay algo debajo de ella. Si tenemos irritación o enojo. Aquí vemos otra vez, que es el hombre el que le da dirección, por sí mismo, a ese poder de Dios. Vibrando con ese poder, todas las cosas están bajo sus pies. "Toda oveja y buey, y hasta las bestias del campo. El ave de los aires y el pez del mar, y cualquier paso que cruce el curso de los mares." ¡Qué cuadro de poder y dominio por el hombre!

El hombre tiene poder y dominio sobre los elementos. Debemos ser capaces de "reprender al viento y a las olas." Se debe acabar con la sequía. Leí en un artículo que las personas de una cierta región árida se les solicitó que no cantaran "No irá a llover nunca más." Conociendo algo de metafísica, se dieron cuenta del poder de las palabras negativas. Intuyeron que tenían algo que hacer contra la sequía. Debemos poder detener diluvios y epidemias, "Al hombre se le ha dado el poder y el dominio sobre todas las cosas creadas." Cada vez que conseguimos una demostración, estamos probando nuestro poder y dominio.

¡Debemos elevar nuestra consciencia para que el Rey de la Gloria entre! Cuando leemos la declaración "Si tu ojo es único, tu cuerpo entero estará lleno de luz," pareceremos inundados por un fulgor interno. El ojo único sólo piensa en ver el bien, o estar tranquilo por lo aparentemente malo. Como Jesucristo dijo: "No juzgues por las apariencias: juzga el juicio virtuoso (correcto)." Hay una ley oculta de la indiferencia.

Jesucristo conocía esta ley. "Ninguna de estas cosas me mueve." Ninguna de estas cosas me perturba, podríamos decir en nuestro lenguaje moderno. Nuestro egoísmo nos traerá la derrota y el fracaso. "A menos que el Señor les construya la casa, ellos trabajarán en vano construyéndola." La facultad de imaginar es una facultad creadora, y su temor se reflejará en su exterior, como resultado de su distorsionada imaginación. Con el ojo único el hombre ve sólo la Verdad. Ve a través de la maldad, sabe como apartarla para que llegue la bondad. Transmuta la injusticia en justicia y desarma a sus aparentes enemigos al transmitirles su buena voluntad. El regresará ahora por las innumerables hostias de Poder, por el ojo único que ve sólo la victoria.

Leemos en la mitología sobre los Cíclopes, una raza de gigantes que se decía habían habitado en Sicilia. Estos gigantes tenían un solo ojo en medio de la frente. El asiento de la facultad de imaginar se sitúa en la frente (entre los ojos), así que estos gigantes legendarios vinieron de esta idea. Usted, es verdaderamente, un gigante, cuando tiene "el ojo único."

Jesucristo, el más grande de todos los maestros, reiteró, "AHORA es el tiempo elegido, HOY es el día de vuestra salvación." Hace poco, vi una película que mostraba la insignificancia de tratar de vivir en el pasado. Era una película francesa y se llamaba "Bailando en la vida." Narraba la historia de una mujer, quien, a los dieciséis años, había ido a su primer baile. Ahora era una viuda de aproximadamente treinta y cinco años. Se había casado por dinero y nunca había conocido la felicidad. Cuando quemaba unos papeles viejos, tropezó con un decolorado programa de baile. En él estaban los nombres de los seis hombres que habían bailado con ella. ¡Cada uno de ellos le había jurado amarla toda su vida! Cuando ella se sentó con el programa en sus manos el recuerdo de aquel baile se mostró en la pantalla; una escena de encanto, los bailarines casi flotando al influjo de la melodía de un vals fascinante. Su vida es ahora vacía y decide recobrar la juventud perdida, averiguando qué ha sido de cada uno de los hombres cuyos nombres estaban en el programa. Un amigo que está con ella le dice, "no puedes recobrar tu juventud perdida; si intentas retornar al pasado perderás las cosas de hoy." Sin embargo emprende la búsqueda, y con todo ello, vienen las desilusiones. Uno de ellos no la recordaba en absoluto. Cuando ella le dijo: "¿No me recuerdas? ¡Soy Cristina!" El contestó, "¿Cuál Cristina?" Algunos de ellos vivían sórdidamente. Por fin regresa al pueblo de su niñez, donde el quinto hombre vivía. Trabajaba como estilista. Hablaba con alegría de los viejos tiempos, mientras le hacía un permanente. Y le decía, "supongo que no recuerda su primer baile aquí mismo en este pueblo; esta noche habrá un baile en el mismo lugar. Venga conmigo, recordará usted los viejos tiempos!" Ella va al baile; todo le parece insignificante y desagradable. Sin atractivo, y mal vestidas las personas que están en la pista de baile. ¡Le pide a la orquesta que toque su vals, el vals de su juventud perdida! Su compañero le dice que a los otros no les gustará un vals tan anticuado. De cualquier modo, lo tocan. El contraste es demasiado; todas sus ilusiones han desaparecido. Se da cuenta de que el baile que recuerda realmente nunca existió de la forma que ella lo había pensado. Era sólo una ilusión del pasado. No podía recobrar su pasado.

Se ha dicho que los dos ladrones en la Cruz representan los ladrones del tiempo. Uno hablaba del pasado y el otro del futuro, y Jesús Cristo contestó, "AHORA es el tiempo elegido, hoy tú estarás conmigo en el Paraíso." Hay un antiguo poema Sánscrito que nos dice: "Miren bien, por eso, en este día. Tal es el saludo del alba." Toda preocupación y temor son ladrones del tiempo.

La ley oculta en la indiferencia subyacente es una de las más profundas, porque contiene el logro de un estado de conciencia, en el que el mundo exterior de sensaciones, no tiene ninguna influencia en la acción de la mente, y puede por eso, estar en completa comunión con la Mente Divina. La mayoría de la vida de las personas es una sucesión de perturbaciones: carencias, pérdidas, limitaciones, suegras, patrones, deudas e injusticias. Este mundo es popularmente conocido como un "valle de lágrimas." Las personas están todas confundidas con sus propios asuntos, peleando sus batallas y llevando sus cargas. Si un hombre juzga por las apariencias, se encontrará a sí mismo en la arena la mayor parte del tiempo. La arena de las condiciones adversas y encarando los leones de las carencias y las limitaciones. "Si tu ojo es malo (si estás imaginando condiciones adversas) tu cuerpo entero estará lleno de oscuridad. ¡Sí, por eso, la luz que está en ti es oscura, que grande es esa oscuridad!" La luz del cuerpo es el ojo interno (o la facultad del imaginar); sí, por eso, tu ojo es único, tú estarás viendo un solo poder, un plan y un diseñador, tu cuerpo y tus asuntos estarán llenos de Luz. Viéndote, diario, bañado en la Luz del Cristo. Ese fulgor interno es poder invencible y disuelve cualquier cosa que no esté en el plan Divino. Disuelve todas las apariencias de enfermedad, carencia, pérdida o limitación. Disuelve las condiciones adversas, o "cualquier arma que se esgrima contra usted."

Siempre tenemos nuestro mandamiento, esa Luz cuando nuestro ojo es único. Debemos aprender a retornar a esa Luz, con la misma convicción con la que retornamos a la luz eléctrica. "Busca primero el reino de Dios y Su virtud y todas las cosas correctas se te agregarán." Un proverbio chino dice: "El filósofo deja el corte de su abrigo al sastre." Así, dejemos el plan de nuestra vida al Diseñador Divino y encontraremos que las condiciones son perfectas permanentemente.

Paz y prosperidad

"La paz esta dentro de tus paredes y la Prosperidad dentro de tus Palacios." En esta declaración del Salmo 122 encontramos que la paz y la prosperidad van de mano en mano. Las personas que están manifestando la apariencia de carencias viven en un estado de temor y confusión. No están completamente despiertos a su beneficio y pierden su guía y sus oportunidades. Una persona pacífica es una persona con un amplio despertar. Ve claro y actúa rápidamente. Nunca cae en la trampa.

He visto personas en desacuerdo e infelices cambiar completamente. Les daré un ejemplo para probar el funcionamiento de la ley. Una mujer vino a mí en un estado de pesar abyecto. Parecía destrozada. Sus ojos estaban manchados por el constante llorar. Su cara se veía macilenta y agotada. El hombre que amaba la había abandonado y era ciertamente la criatura más desangelada que alguna vez haya visto. Me di cuenta de la forma de su cara; sus ojos grandes, con la mirada lejana y una barbilla puntiaguda. Durante varios años fui artista y tengo el hábito de mirar a las personas desde el punto de vista de una artista. Cuando contemplé a esta criatura abandonada, pensé que su cara tenía el modelado de un Botticelli. A menudo veo Rembrandts, Sir Joshua Reynolds, etc., en personas que encuentro. Pronuncié la Palabra para esta mujer y le di mi libro, El Juego de la Vida y Cómo Jugarlo. Después de una o dos semanas, dando un paseo me encontré con una mujer. Sus ojos eran bellos y se veía muy bonita. Y pensé, esta cara tiene el modelado de un Botticelli. ¡De repente me di cuenta de que era la misma mujer! ¡Parecía feliz y despreocupada! ¿Qué había pasado? Nuestra charla y el libro le habían traído su paz.

"¡La Paz esta dentro de tus paredes!" Tus "paredes" son tu consciencia. Jesús Cristo le dio énfasis a la paz y al descanso. "Vengan a mí todos los que estén cansados y abrumados por su carga y les daré descanso." El hablaba de Cristo dentro de ti, tu mente superconsciente, donde no hay cargas ni batallas. Las dudas y temores y las imágenes negativas están en el subconsciente. Cuando volví de California hace algunos años, venía en avión. Allá en las alturas me invadió un sentimiento curioso de abandono. En las alturas estamos en paz con nosotros mismos y con el mundo entero. En las alturas los campos siempre son blancos por la cosecha. Sólo las emociones nos guardan de segar nuestra cosecha de éxito, felicidad y abundancia. Leemos en la Biblia "restauraré a ustedes los años que las langostas se han comido." Bien podemos parafrasear y decir, "Restauraré a ustedes los años que las emociones han derruido." Las personas que son mecidas con dudas y temores, traen el fracaso, la infelicidad y la enfermedad.

Leí en un periódico que las leyes de la mente son generalmente reconocidas y entendidas. Se ha hallado que el temor al fracaso es el más grande de todos los temores, y que por lo menos el setenta y cinco por ciento de los examinados sicológicamente muestran este temor. Por supuesto, esto puede referirse al fracaso de la salud, al fracaso en los negocios, en las finanzas, en el amor, en el éxito, etc. Otro temores importantes son el temor a la oscuridad, el temor de estar solo, el temor a los animales. Algunas personas temen el no ser entendidas, mientras que otras temen perder el control mental. El temor constante y continuado afecta las glándulas; interfiere con la digestión y usualmente se asocia con los síntomas de los padecimientos nerviosos. Le roba al cuerpo la salud y destruye la felicidad.

El temor es el peor enemigo del hombre porque atrae que él tema. Esta Fe lo vuelve a trastornar. Es realmente Fe mala en lugar de buena. "¿Porqué estás temeroso ¡Oh! Vosotros de poca fe?" El intrépido, la mente liberada atrae hacía si todo lo bueno. Cualquier deseo o requerimiento está esperándolo en su senda. "Antes de que llame se le habrá contestado."

Supongamos que parafraseamos las Escrituras y decimos: "Cualquier deseo o requerimiento esta ya plantado en su senda." A menudo una palabra nueva le dará una súbita realización. Si está necesitado de cualquier información, se le dará. Una amiga me habló de este funcionamiento sorprendente de la ley. Traducía un viejo manuscrito italiano sobre la vida de un gobernante persa muy antiguo. Ningún libro en inglés se había escrito sobre el tema. Deseaba saber por qué los editores habían retenido su publicación. Una tarde que comía en un restaurante. Entabló conversación con un hombre en la misma mesa. Le dijo del trabajo que hacía y de la traducción del antiguo manuscrito italiano. De repente él le ofreció información: "Tendrá dificultades para conseguir que le publiquen ya que las ideas de este gobernante persa chocan con las ideas del gobierno actual." El era un estudiante y conocía más que ella del asunto. Y contestó su pregunta en el restaurante. Tal información se podía, usualmente, obtenerse sólo en los archivos de alguna biblioteca pública. Dios trabaja en lugares inesperados. Sus maravillas se realizan. Ella se había preocupado por ello, pero cuando estuvo en paz, feliz e indiferente, la información navegó sobre un mar en calma.

"Nuestros pies estarán firmes dentro de tus puertas, Oh Jerusalén." Jerusalén representa la paz y la base para la comprensión. Así la comprensión siempre nos conduce hacía las puertas de la paz. ¿Cómo puede lograr paz una persona cuando su vida entera está en conflicto? Por tomar una afirmación. No podrá controlar sus pensamientos pero puede controlar sus palabras, y eventualmente la palabra ganará. La mayoría de las personas han atraído condiciones de inarmonía porque han luchado sus batallas y llevado sus cargas. Debemos aprender a seguir los caminos de Dios para que podamos armonizar o ajustar las situaciones. La palabra "armonizar" es muy buena; la he visto enderezar caminos torcidos, y hacer ajustes, que ninguna mente humana podría haber pensado. Todo lo que el Reino produce es tuyo, te lo da la Inteligencia Infinita en el camino correcto, porque tiene ya abastecido un suministro pródigo para cada demanda. Pero se debe confiar totalmente. Si dudas o temes, pierdes tu contacto con esta Fuerza Suprema. Así, si te llenas con dudas y temores, será necesario hacer algo para mostrar tu fe. "Fe sin trabajo (o acción) es la muerte." La Fe activa impresiona el subconsciente con esperanza y mantiene tu contacto con la Inteligencia Universal. Lo mismo que Wall Street vigila el mercado, debemos vigilar el mercado de nuestra Fe. A menudo el mercado de la Fe desciende. A veces baja y baja hasta que viene el derrumbe: son algunas situaciones de infelicidad que podíamos haber prevenido. Nos damos cuenta de que nos siguió la razón en lugar de la intuición.

Una mujer me dijo que tenía varias pistas definitivas para seguir un curso seguro. A pesar de esto, siguió lo que su razonamiento le decía y una gran infelicidad se apoderó de ella. La Intuición es nuestra guía infalible. Practica siguiendo las pequeñas cosas, y luego confiarás en las cosas grandes. Tengo una amiga quien es muy intuitiva. A veces me llama por teléfono y me dice: "Acabo de tener una corazonada y te llamé pensando que averiguarías de que se trata." Invariablemente tengo alguna misión para ella.

Estamos viviendo vidas verdaderamente mágicas; guiados, protegidos y abastecidos. Todo el temor se desterraría para siempre con una realización de este sistema asombroso que el Universo ha proporcionado para el hombre. Estaría firme por las apariencias adversas, conociendo lo que los primeros hebreos supieron, "este Jehová va adelante y gana cada batalla."

Un amigo me contó una historia muy interesante. Un hombre en el negocio del papel en Kalamazoo, Michigan, había regalado mil de mis libros a sus empleados. Inicio su negocio con un pequeño capital y dejando a un lado el frío juicio y el razonamiento. Ha construido un negocio de más de doce millones de dólares por seguir sus guías y corazonadas. Todos sus obreros tienen un conocimiento de ley metafísica.

Otro hombre quien edificó su negocio basado en la ley de dar y recibir se encontró con el mismo éxito asombroso. El vino a Filadelfia con poco dinero y compró una revista, una publicación vieja. Su deseo era dar a la gente un gran servicio por un precio muy pequeño. Creyó en la ley de dar. Resultó una de las revistas más populares. Le dio al público lo mejor en forma de historias e ilustraciones y pagó bien por ellas. ¡Lo más que dio, los más que recibió; millones se vertieron en él! "¡La Paz está dentro de tus paredes y la prosperidad dentro de tus palacios! La Paz y la prosperidad van de mano en mano." "La Gran paz la tienen los que aman Tu ley y nada los ofenderá." Esta ley es la ley de la no resistencia. "Resiste a la maldad, supera lo malo con lo bueno." Transmuta todo fracaso en éxito, carencia en abundancia, y discordia en paz.

Tu gran oportunidad

Tienes un sólo juez, tu palabra. Jesucristo dijo; "les digo que cada palabra ociosa que los hombres hablan, les será tomada en cuenta en el día del juicio; por sus palabras serán justificados y por sus palabras serán condenados."

Cada día es un día del Juicio. Nosotros tratamos de enseñar que será hasta el fin del mundo. Miramos atrás en nuestra vida y vemos como hemos atraído felicidad o desastre por nuestras palabras. El subconsciente no tiene sentido del humor. Las personas bromean destructivamente acerca de ellos mismos y el subconsciente lo toma muy en serio. Esto es porque la imagen mental que hacen mientras están hablando se imprime en el subconsciente y se manifiesta en el exterior. La persona que conoce el poder de la palabra tiende a ser muy cuidadosa con su conversación. Sólo tiene que observar la reacción de sus palabras y saber cuando se vuelven nulas. Las personas cometen sus peores equivocaciones cuando hablan y están enojadas o resentidas, porque hay tanto resentimiento que sus palabras se les regresan. Es debido al poder vibratorio de las palabras que expresamos, que comenzamos a ser atraídos. Las personas que continuamente hablan de enfermedad, invariablemente atraen la enfermedad.

Las fuerzas invisibles están constantemente trabajando para el hombre, quien siempre está tirando de las cuerdas, aunque él no lo sabe. Leemos en la Biblia "la vida y la muerte están en el poder de la lengua." Aun la mayoría de las personas hablan destructivamente desde que amanece hasta que oscurece. Esto es porque se han formado el hábito de criticar, condenar y estarse quejando de todo, y están ansiosas por hablar de sus infortunios y lo malos que son todos sus parientes. Cansan a sus amigos y las personas los evitan. Siempre se la pasan hablando de todos sus problemas. ¿Ahora que conocemos el poder de la palabra, por qué no lo aprovechamos? Nos beneficiamos con el radio, el teléfono y los aviones; pero vivimos con la confusión en nuestra conversación.

La ciencia y la religión ahora se unen. La ciencia descubre el poder dentro del átomo; la metafísica enseña el poder dentro de los pensamientos y las palabras. Estamos tratando con dinamita cuando tratamos con las palabras. ¡Piense en el poder que la palabra tiene en la curación! Una palabra es pronunciada y un cambio químico ocurre dentro del cuerpo.

Una de mis amigas estaba gravemente enferma. El doctor le dijo que tenía bronquitis crónica y estaba a punto de contraer pulmonía. Sus hijas y el doctor siempre estaban cerca de su cama y tenía una enfermera particular, pero las semanas pasaban y no había ninguna mejoría. Era una estudiante de la Verdad, pero tenía más de un año que no había asistido a las reuniones, ni había continuado con sus lecturas. Una mañana me telefoneó y me dijo, "¡Por favor pronuncia la palabra y líbrame de esto! Ya no puedo estar de pie; no sólo estoy enferma, estoy hastiada. Mi conversación y pensamientos son tan negativos, que mi ánimo anda por los suelos" Por medio de la palabra hablada y su afirmación de la Verdad inmediatamente se notó una mejoría. Tenía un firme presentimiento de que saldría adelante y de que estaría fuera de peligro, pero sólo si seguía la Guía Divina. Al salir me llamó y me invitó a almorzar con ella al día siguiente. ¿Qué había pasado? Las palabras de la Verdad hicieron un cambio en su mente y por lo tanto un cambio químico había ocurrido en su cuerpo.

Si decimos que creemos y nunca dudamos, podemos decirle a esa montaña, "Tú serás removida," y desaparecerá en el mar.

La energía inagotable en el hombre es liberada por sus buenas obras. Un hombre libre de temor, con apariencia tranquila, envía sus buenas obras a los hombres y a las naciones; podría decirles a las montañas de odios y guerras; "Ustedes serán removidas" y retornarán a su nada original.

El resentimiento y la intolerancia le roban al hombre su poder. Debemos tener letreros en el metro y las tiendas que digan "¡Observa tus pensamientos!" "¡Observa tus palabras!"

Ahora debemos ser cuidadosos en dirigir esta fuerza dinámica dentro de nosotros. Debemos dirigirla hacia la salud, las bendiciones y la prosperidad, y dirigirla en olas de bondad por el mundo entero. ¡Qué salga esa fuerza poderosa, pero silenciosamente! El pensamiento, el poder más fuerte en el Universo no tiene sonido. Tus buenas obras barren con todos los obstáculos de tu senda y liberan los deseos de tu corazón.

¿Qué es tuyo verdaderamente? La respuesta es: "Todo lo que el reino proporciona es tuyo." Se te promete cada deseo virtuoso del corazón. Hay tres mil promesas en la Biblia, pero estos regalos sólo pueden venir a nosotros si los creemos posibles, todo viene por ti, no a ti. Toda la vida es vibración. Siente la riqueza y atraerás riquezas. Siente el éxito y el éxito llegará.

Supe de un muchachito el cual había nacido en un pueblo pequeño sin oportunidades, pero él siempre pensaba en el éxito; tenía la convicción de que llegaría a ser un gran artista. Nada podría descorazonarlo porque él era el éxito; sólo tenía pensamientos de éxito; un éxito radiante. A temprana edad, dejo el pequeño pueblo y se fue a la gran ciudad, y para apoyar su decisión obtuvo una posición como artista ilustrador en un periódico de circulación diaria, todo esto sin preparación previa. Nunca se le ocurrió que no lo podía lograr. Fue a una escuela de arte e inmediatamente llegó a destacar. Nunca estudió de una forma académica. Todo lo que veía lo recordaba. A los pocos años de haber arribado a la gran ciudad, llegó a ser un artista reconocido. El éxito llegó a él porque siempre veía el éxito. "Te daré la tierra que tú buscas."

Se les dijo a los niños de Israel que obtendrían toda la tierra que pudieran ver. La Biblia es un libro metafísico y le habla al individuo. Muy a menudo, le dice a cada uno de nosotros, "Te daré la tierra que buscas." ¿Así, qué estás viendo con tu ojo interno? ¿Qué imágenes invitas a tu vida? A la facultad de imaginar se le ha llamado las tijeras de la mente. Si tienes pensamientos de fracaso, da marcha atrás a esta idea con un pensamiento de éxito. Esto parece bastante fácil de hacer, pero cuando la idea del fracaso ha llegado a ser un hábito, hay que estar vigilando continuamente para desalojarla. Y es cuando se requiere una afirmación poderosa. No siempre se podrá controlar el pensamiento, pero se puede controlar la palabra, y eventualmente la palabra impresiona el subconsciente y ganamos.

Si tu mente está en un estado negativo sólo toma la declaración: "¡Contemplo maravillado todo lo que está ante mí!" Crea una esperanza de algo maravilloso y algo maravilloso vendrá a ti. Cultiva el sentimiento de que los milagros y las maravillas sucederán. Cultiva la esperanza del éxito.

Muy pocas personas traen a su vida lo que es correcto. Viven en los bordes de los deseos de su corazón. Todo les parece siempre demasiado bueno para ser verdad. A las personas despiertas espiritualmente nada les parece demasiado bueno para ser verdad.

Si quieres oír a personas las cuales aún están dormidas en el sueño Adámico, ve a una peluquería. El sueño Adámico es la ilusión de los contrarios. Adán cayo en un sueño profundo después de haber comido del árbol de la ilusión. Por supuesto, Adán representa al hombre genérico; la lucha del hombre. La vana contienda del hombre imaginando pérdidas, carencias, fracasos, pecado, enfermedad y muerte. El despertar del hombre sólo conoce un poder, Dios, y una condición, el bien. Pero regresemos al salón de belleza. Lo siguiente es una cita exacta y un buen ejemplo de lo que uno oye: ¡Una mujer se sentó junto de mí y dijo con voz fuerte, "¡Este lugar es demasiado caluroso! Prendan el ventilador o abran algo." El encargado le preguntó, "cómo se siente hoy, señora S?" Y ella le contestó con un profundo suspiro, "oh, estoy bien, pero tengo que cuidarme del mal tiempo." A lo que la manicurista le dijo, "¿por qué no usa lentes?" La joven replicó, "¡no necesito lentes, por qué debo llevarlos!" La mujer le contesta, "porque todos los usan. Encontrará que hay algo mal en sus ojos si se hace un examen." Cuando finalmente sale todo le parece apático y se pregunta si ellos realmente están en lo cierto o sólo lo aparentan. Sale hacia un sendero de aprehensión y oscuridad. Esto es una muestra de lo que podemos escuchar en cualquier lugar; la forma en que la mayoría de las personas hablan. Es espantoso cuando uno conoce el poder de la palabra y lo que ellos están atrayendo, para sí mismos y para todos los que tienen cerca, describiendo enfermedades y operaciones.

Unete con lo que notes que no describa nada destructivo para combinarte con ello.

¿Qué es verdaderamente tuyo? Las bendiciones que te reaniman por lo que dicen o las palabras silenciosas; las cosas que ves con tu ojo interno. Sólo tus dudas, temores y resentimientos mantienen lo bueno alejado de ti. Si odias o estás resentido por una situación, la has atado a ti; por lo que atraerás temor o disgusto. Por ejemplo: alguien ha sido injusto contigo y te has llenado con la ira y el resentimiento. No puedes perdonar a esa persona. El tiempo pasa y en otra persona harás lo mismo. Esto es porque tienes grabada una imagen de injusticia en tu subconsciente. Se repetirá la misma historia hasta que tu pensamiento sea maldecido con el infortunio y la injusticia. Sólo hay una manera de neutralizarlo. Permanece completamente tranquilo por la injusticia y envía las buenas obras a todos los involucrados. "Mis buenas obras son una torre poderosa rondando cerca de mí. Ahora transmuto a todos mis enemigos en amigos, toda la inarmonía en armonía, toda injusticia en justicia." Te asombrarás del funcionamiento de la ley. Un estudiante trajo armonía en el caos que había en sus negocios por esta declaración.

No mires hacia atrás y has polvo los tiempos difíciles, o volverás a estar otra vez en esas condiciones. Da gracias por el alba de un nuevo día. Debes ser inmune a todo desaliento y condición adversa.

Todo lo que desees o requieras está ya en tu senda, pero debe ser amplio tu despertar para que tu bien se manifieste. Después de hacer las declaraciones de la Verdad, de repente tendrás un destello de realización. De repente te sentirás en un nuevo ambiente. Sentirás que todas las antiguas condiciones negativas se alejan. Una vez le dije a una mujer "Las paredes de las carencias y demoras ahora se desmoronan a lo lejos, y entrarás a tu tierra prometida, bajo su gracia." Ella me dijo que de pronto tuvo un destello súbito de que una pared se desmoronaba en la lejanía y que caminaba sobre ella. Poco después de esto, ocurrio el cambio, y entró verdaderamente en su Tierra Prometida de Abundancia.

Conocí a una mujer cuya hija deseaba tener un hogar y un esposo. En su adolescencia había sufrido una decepción al romperse una promesa de matrimonio. Cuando un posible compromiso apareció en su horizonte, se puso frenética por el temor y aprehensión, se imaginaba vívidamente otra desilusion. Su madre vino conmigo para pedirme que dijera la palabra para su matrimonio adecuado, el cual no podría ser interferido al ser planeado Divinamente. Durante la entrevista la madre le decía continuamente: "¡Pobre Nelly! ¡Pobre Nelly!" Le dije: "No llame a su hija 'pobre Nelly' de nuevo. Ayúdela a desmagnetizarse. Llámela 'Nelly buena fortuna' o 'Afortunada Nelly' porque debe tener fe de que Dios le dará ahora los deseos de su corazón." La madre y la hija persistieron en hacer sus afirmaciones. Su destino se ha cumplido y ahora ella es la Señora Nelly, el demonio del temor se disolvió para siempre.

Hay declaraciones maravillosas en la Biblia referentes a la suspensión de las formas de pensamientos negativos. "El poder del Espíritu es poderoso aun para el derribe de fortalezas." La mente humana esta indefensa para hacer frente a esos pensamientos negativos. La victoria es ganada por estar con Dios, la mente superconsciente.

"Hermanos, cualquier cosa es verdadera, cualquier cosa es honrada, cualquier cosa es pura, cualquier cosa es amable, cualquier cosa es un buen relato; si hay cualquier virtud y hay cualquier alabanza, pensamos en estas cosas." Fil. 4: 8.

Si las personas obedecieran esto, en sus pláticas ocurriría una pausa momentánea, hasta que aprendieran a conversar sobre cosas constructivas.

No estar ansioso por nada

Es por medio de la Biblia que decimos, no estés ansioso, no estés temeroso, no acumules o guardes; porque un poder invencible e invisible está en los mandamientos del hombre para suministrarte cada necesidad. Pero debemos decirte que no funcionará a menos que creas en El. "Si te inclinas a creer en este Poder de Dios, todas las cosas entonces serán posibles." Es difícil para el hombre creer en este poder, porque ha tenido una instrucción completa en incredulidad. "Sólo creeré en lo que puedo ver," se supone que es la cima de la sabiduría. Vivimos en un mundo superficial, donde pensamos que todo "sólo sucede." No sabemos que lo opuesto de todo lo que sucede tiene una causa, que nosotros mismos ponemos en movimiento la maquinaria que produce lo bueno o lo malo en nuestro sendero.

No sabemos que esas palabras y pensamientos son una forma de dinamita, y que se deben manejar cuidadosamente, con sabiduría y comprensión. Lancemos fuera hacia el éter, las palabras de enojo, el resentimiento o la misma piedad, y entonces preguntémonos por qué la vida es tan dura.

Para no experimentar con la fe; confiemos en el Poder invencible de Dios y "En nada estemos ansiosos," pero "En todo por medio de la oración y la acción de gracias, es que se permite que nuestras demandas sean conducidas hacia Dios." ¿Podría cualquier cosa ser más simple o directa? La ansiedad y la costumbre han llegado a ser hábitos. Las viejas formas del pensamiento que se han construido en el subconsciente, persisten como percebes en un trasatlántico. Pero el trasatlántico es puesto en dique seco de vez en cuando para rasparle los percebes, así, tus percebes mentales tendrán que seguir el mismo proceso. El dique seco es una gran situación.

Conozco a una mujer la cual toda su vida había sido cobarde, particularmente con las finanzas. Todo el tiempo se mostraba inquieta por el dinero. Acudió a la Verdad, y se dio cuenta de cómo la había limitado; de pronto realizó un gran giro en su fe. Comenzó a confiar en Dios y no en lo superficial, para su suministro. Siguió la guía de su intuición en lo relacionado con su gasto. Si algo de su ropa la hacía sentirse pobre, la desechaba en seguida y conseguía algo nuevo para sentirse rica. Tenía poco dinero, pero daba un décimo (un diezmo) para las buenas obras. Ella misma se envolvía con nuevas vibraciones. Muy pronto, las cosas comenzaron a cambiar en lo externo. Una mujer, la cual no le debía nada y era una antigua amiga de la familia, le dejo mil dólares. Unos meses más tarde, otros mil llegaron. Entonces una gran puerta se abrió para su suministro y muchos miles más entraron. Había sacado su invisible suministro del Banco Universal. Había buscado a Dios sólo por su suministro, y entonces los cauces se abrieron. El punto es, que había perdido toda ansiedad acerca del asunto del dinero. Había establecido en su subconsciente, la firme convicción, de que su suministro venía de Dios, y nunca le fallaría.

El hombre es un instrumento por el cual trabaja la Inteligencia Infinita. Se expresará en él como el éxito, la felicidad, la abundancia, la salud y la propia perfección, a menos de que el temor y la ansiedad hagan un corto circuito.

¡Si quieres ejemplos de fe intrépida, ve al circo! La gente del circo ejecuta hechos aparentemente imposibles porque pensamos que no pueden realizarse, y vemos como los hacen. La Fe significa que puedes verte recibiendo todas esas cosas que deseas. "Te daré a ti la tierra que veas."

Nunca se podrá hacer una cosa en la cual no te veas haciéndola por ti mismo, ni ocupar un lugar en el cual no te veas ocupándolo. No visualizándolo; ni haciendo una imagen mental (este es un proceso mental y a menudo trae resultados deficientes y limitados); debe ser una realización espiritual, un sentimiento que ya está ahí; en su vibración.

Estaba muy impresionada con la historia de un gran jugador del fútbol, el cual fue el atleta más grande de todo el mundo, y se entrenaba en una hamaca. Un día en el que estaba recostado adormecido por el sol, apareció su entrenador y casi llorando le dijo; "Jim, por el amor de Mike y tu país, despiértate y sal fuera de esa hamaca y has algo" Jim abriendo un ojo le dijo; "Justamente pensaba acerca de esto e iba a enviar por usted." "Bien," le dijo el entrenador. "¿Qué es lo que quieres que haga?" "Primero," le dijo Jim, "quiero que ponga una marca a veinticinco pies, a partir de aquí, en la tierra." El entrenador lo hizo así. "¿Y luego qué?" le dijo el entrenador. "Eso es todo," le dijo Jim, y cerrando sus ojos, se giró despreocupado. Después de transcurridos por lo menos cinco minutos los abrió y miró las marcas por unos pocos segundos y entonces cerró sus ojos de nuevo. "¿Cuál es la idea?" le gritó el entrenador. "¿Qué es lo que haces?" Jim lo miró reprochándolo y contestó: "Estoy practicando el salto de longitud." El hacía toda su instrucción en una hamaca: viéndose a sí mismo haciendo el salto de longitud.

Sin la visión las gentes perecen con carencias y limitaciones. Podrás trabajar muy duro en lo externo y no lograr nada, si no tienes visión. La visión significa que ves claramente adonde vas. Mantener tus ojos en la meta. Todos los hombres que han logrado cosas grandes lo han hecho así.

James J. Hill, quien tendió la linea del Gran Ferrocarril del Norte, dijo que antes de que un durmiente fuera colocado, escuchaba en su oído interno el retumbar de los trenes y el silbato de las máquinas. Tenía muchos obstáculos que superar, pero su visión era clara, y estaba posesionada en él. Una cosa a su favor era que su esposa creía en él. Decía que habían dos para hacer el sueño realidad.

Henry Ford, hablando de su suegra decía que ella fue una buena mujer, "Ella creyó en mí."

"Cuando dos de ustedes estén de acuerdo, se hará." Si crees en ti mismo, otros creerán en ti. Cuando crees en ti y el Poder de Dios está contigo, el temor y la ansiedad son lanzados lejos. Establece la vibración de la certeza. Esta es la verdad de una persona intuitiva. Cada movimiento es hecho bajo la guía Divina y nunca se viola una 'corazonada', por eso, siempre está en el lugar correcto y en el tiempo correcto. De cualquier forma, a menudo se requiere de un gran valor para seguir la intuición. Tomemos un vikingo, quien intrépidamente navegó por mares desconocidos. Claude Bragdon dice: "Vivir intuitivamente es vivir en la cuarta dimensión." El sendero mágico los llevó fuera de las tierras de Egipto, fuera de la casa de la esclavitud. Es invaluable este negocio.

Nunca sometas una corazonada a alguien que razona plenamente. A esos que tienen orejas para oír, permíteles que escuchen donde su intuición los lleva, y dales a conocer la obediencia instantánea.

"Cualquier cosa que preguntes de Dios, Dios te la dará." Esto es la verdad de cada uno. Pero si no hemos recibido todas las bendiciones de la vida; hemos abandonado el preguntar, o no tenemos "las preguntas correctas." La Biblia enseña la ley espiritual y debemos estudiarla y usarla desde cada ángulo para poner la gran maquinaria de las preguntas y las recepciones en movimiento. Cada máquina deberá ser engrasada y aceitada para mantenerla funcionando bien. La fe activa y la esperanza mantienen a la máquina de preguntar y recibir en perfecto orden. Los siguientes son algunos de los lubricantes que la mantienen trabajando. "Cuando ores, cree que ya lo tienes." "En nada estar ansioso." "Permanece tranquilo y contempla la salvación del Señor," "No limites al Santo de Israel." La realización es manifestación.

Ore con alabanzas y acción de gracias. Algunas personas oran llenas de enojo y resentimiento. Una mujer me escribió el otro día diciéndome: "Acabo de tener una buena charla con Dios y solamente le dije lo que debo hacer acerca de El." Ella tenía el habito de ordenar a las personas que estuvieran cerca de El y mirar hacía Dios como alguien a quien podría intimidar para que hiciera algo por ella. Dios es la Inteligencia Suprema dentro de cada uno de nosotros y somos los cauces por los cuales El se expresa a sí mismo. Debemos ser no-resistentes, equilibrados y pacíficos, esperar que nuestro bien venga. Somos los receptores, Dios es el Dador, y El debe crear Sus propios cauces. Encontramos que hay realmente un arte para orar bien. Dios debe tener el camino correcto, Su camino, no nuestro camino. En el momento que haces tu demanda, la Inteligencia Infinita sabe la forma del cumplimiento. Si decides cómo debe ser contestada tu oración, has bloqueado el cauce divinamente diseñado. Entonces estarás inclinado a decir: "Nunca tengo respuesta a mis oraciones." Debemos adquirir una técnica y mandar nuestro deseo sincero, el cual es una oración. Estamos libres de toda presa o ansiedad cuando decimos: "Si esto está de acuerdo al plan divino, lo recibiremos, si no, se nos dará su equivalente." Seamos cuidadosos para no forzar cualquier cosa que no esté planeada divinamente.

Debemos saber, que unidos con el Poder de Dios, nada puede derrotarnos. "Los caminos de Dios son ingeniosos, Sus métodos son seguros."

Dos de los Salmos más bellos son el veintitrés y el ciento veintiuno. Ambos dan un sentimiento de absoluta seguridad a uno y fueron escritos por un hombre que había experimentado el funcionamiento de la ley espiritual.

El Dios dentro de nosotros nos protege, guía y provee cuando confiamos totalmente. La mayoría de las personas dejan que ese amor se pierda por el temor de la pérdida; toman todas las precauciones en lo externo, no confían en la protección de "El ojo que vigila sobre Israel." Pon cualquier cosa que ames bajo la ley de la protección divina.

La parte más importante de la demostración es mostrar fe sin temor. "¡Iré ante ti y enderezaré los lugares torcidos! Forzaré la entrada y haré pedazos las verjas de latón y separaré las barras de hierro." La Biblia habla acerca de los estados de conciencia. "Las verjas de latón" y "las barras de hierro" son las dudas, los temores, los resentimientos y las ansiedades. Las verjas de latón y las barras de hierro son de nuestra propia fabricación y vienen de nuestro vano imaginar, el creer en lo malo. Hay un cuento sobre una manada de elefantes salvajes: fueron acorralados en un cercado, pero los hombres no tenían ninguna forma de mantenerlos ahí, por lo que clavaron estacas y pusieron una soga alrededor del cercado. Los elefantes pensaban que no podían salir. Podían caminar sobre la soga y escapar, pero tenían la ilusión de que la soga los encerraba. Pasa lo mismo con las personas: las dudas y los temores son como una soga estirada alrededor de sus conciencias. Se les hace imposible caminar fuera hacia un claro pensar.

La visión clara es para el hombre como un compás; sabe adonde va. Permite que tu intuición sea tu compás y siempre saldrás fuera del bosque. Al igual, un hombre sin un compás, llevado por la intuición, encontrará su camino fuera de la selva, o será capaz de dirigir un buque en el mar. La intuición le dirá como caminar encima de la soga. Es asombroso cómo las personas han pasado por alto su facultad más importante, la intuición. Siempre en el sendero del hombre hay un guía o mensajero. A menudo nuestros guías parecen tontos y triviales. Una persona por completo en el plano intelectual los despediría en seguida, pero el estudiante de la Verdad siempre tiene su oído espiritual en el suelo espiritual, el sabe que está recibiendo las órdenes desde el Infinito. La Biblia habla a menudo de "la pequeña voz silenciosa." Es una voz que no es real, aunque a veces se registran palabras reales en el oído interno.

Cuando pedimos que nos guíen y ponemos al lado el razonamiento estamos llamando levemente al suministro Universal de todo el conocimiento; cualquier cosa es requisito para saber cómo se nos revelará. Algunas personas son naturalmente intuitivas y están siempre en contacto con la Inteligencia Universal, pero es por tomar una afirmación que hacemos el contacto consciente. La oración telefonea a Dios, y la intuición es Dios telefoneándote a ti. Muchas personas tienen una "línea ocupada" cuando Dios telefonea y no reciben su mensaje. Tu línea está "ocupada" cuando estás desanimado, enojado o resentido. Has oído la expresión "Estaba tan enojado que no podía ver bien." Podemos agregar "Estaba tan enojado que no podía oír bien." Sus emociones negativas ahogan la voz de la intuición.

Cuando estés desanimado, enojado o resentido, es el tiempo para hacer una declaración de la Verdad, para salir del bosque de la desesperación y la limitación, porque "¡Cualquiera que llame en el nombre del Señor se le libertará!" Hay una salida "Revélame el camino."

Debemos parar de planear, trazar y hacer proyectos y permitir que la Inteligencia Infinita resuelva el problema a Su manera. El Poder de Dios es sutil, silencioso e irresistible. ¡Nivela montañas, rellena valles y no conoce la derrota! Nuestra parte es prepararnos para sus bendiciones y continuar por donde nuestra intuición nos lleve.

Ahora le damos a la Inteligencia Infinita el derecho de paso.

Sin temor

"¿**P**or qué están temerosos, Oh vosotros de poca fe?"

Es por medio de la Biblia que decimos, no estés asustado. El temor es el único enemigo del hombre. Es la fe puesta boca bajo. Jesucristo dijo, "¿Por qué están temerosos, Oh vosotros de poca fe?" Si sólo puedes creer, todas las cosas serán posibles. Unido con el Poder de Dios, el hombre es invencible. La historia de Josafat es la historia de una persona que a menudo se vio superado en número por las circunstancias adversas, pero él escucho la voz misma del Infinito que le dijo: "No te asustes o desanimes por causa de esta gran multitud, para esta batalla no estás solo, Dios está contigo." A Josafat y a su ejército se les dijo que no necesitaban entrar en combate. "Guárdate y permanece tranquilo contemplando la salvación del Señor," para la batalla, Dios estaba con los suyos. Josafat ordenó a su ejercito, antes de partir, que elevaran sus cantos al Señor para alabar la belleza de su santidad, diciendo; "Alabemos al Señor, Su misericordia perdurará para siempre." Cuando llegaron hasta la atalaya en el desierto miraron hacia la multitud y he aquí, que estaban muertos. El enemigo se había destruido a sí mismo. No había nadie con quien luchar. La Biblia nos habla acerca de los estados de la conciencia. Sus enemigos son tus dudas y temores, tus críticas y tus resentimientos. Cada pensamiento negativo es un enemigo. Serás superado en número por las circunstancias adversas, pero no te asustes o desanimes por causa de esta gran multitud; para la batalla no estás solo, Dios está contigo.

Cuando seguimos muy de cerca la historia de Josafat, lo vemos avanzando, haciendo una afirmación: "Alabemos al Señor, Su misericordia perdurará para siempre." No tenía nada que decir acerca del enemigo o de su propia falta de fuerza. Le daba su atención completa al Señor y cuando comenzó a cantar y alabar al Señor tendió la celada contra sus enemigos y ellos fueron heridos. Cuando haces tus declaraciones de la Verdad los pensamientos del enemigo son vencidos, se disuelven y disipan, por eso, todas las circunstancias adversas desaparecen. Cuando Josafat y su ejército llegaron hasta la atalaya en el desierto, contemplaron a la multitud y he aquí que todos estaban muertos. La atalaya en el desierto es tu estado elevado de conciencia, tu fe sin temor, tu lugar seguro. Allí permaneces por sobre todas las condiciones adversas, y ganas la batalla con Dios.

"Cuando Josafat y su gente llegaron a tomar los despojos del enemigo, hallaron entre ellos riquezas y joyas preciosas, mas era tanto lo que podrían llevar, que permanecieron tres días en la recolección de los despojos, era demasiado." Esto significa, que cuando permitas que Dios luche la batalla por ti, grandes bendiciones saldrán de cada situación adversa. "Para ti Dios cambiará las maldiciones en bendiciones, porque el Señor tu Dios te ama." El ingenio del Espíritu es asombroso. Es inteligencia pura y no tolera ninguna interferencia con sus planes. Es muy difícil para la persona promedio el "permanecer tranquila," lo cual significa, mantener su equilibrio, y dejar que la Inteligencia Infinita controle la situación. Igual que las personas lanzándose a la batalla y tratando de manejar sus cosas, lo que les traerá la derrota y el fracaso. "No necesitarás luchar en esta batalla; guárdate, permanece tranquilo y contempla la salvación del Señor en ti. Mañana irás otra vez contra ellos, pero el Señor estará contigo." Eso significa, no huir de las situaciones, caminar sin temor y enfrentarse al león en tu sendero, y el león volverá a ser etéreo. El león toma su ferocidad de su temor. Un gran poeta ha dicho "En el valor tenemos genio, magia y poder."

Daniel era intrépido y las fauces de los leones fueron cerradas. El Rey Darío llamó a Daniel mientras estaba todavía en el cubil de los leones, le preguntó si Dios lo podía salvar de los leones, y Daniel le contestó, "¡Oh Rey que vives por siempre! Mi Dios me ha enviado Sus ángeles y ellos han cerrado las fauces de los leones para que no puedan herirme." Tenemos en este relato el dominio sobre la actitud de los leones como un resultado del poder Espiritual; el grupo entero cambió de la ferocidad a la mansedumbre, y Daniel se mantuvo lejos de las bestias a la Luz y el Poderío del Espíritu, que lo preservaron completamente de los leones. Escasamente pasa un día sin que un algo de león aparezca en el sendero del hombre, los leones de las carencias, limitaciones, temores, injusticias, miedos o presentimientos. Caminemos inmediatamente sobre la situación que nos está asustando. Si huimos de ella, siempre la tendremos en nuestros talones.

Muchas personas pierden las cosas que aprecian o aman porque temen continuamente su pérdida. Hacen todo lo posible en lo externo para asegurar su protección, pero todo se les devuelve en una imagen devastadora de temor. Para conservar las cosas que aprecia y ama, debe saber que están protegidas por la Divinidad, por eso, nada puede dañarlas. Doy el ejemplo de una mujer la cual estaba muy interesada en un hombre bien parecido y muy popular entre las mujeres. Decidió evitar que se encontrará con una mujer en particular porque estaba segura de que ella haría todo lo posible por "atraparlo," usando una expresión popular. Una tarde que fue al teatro, ahí estaba él con la mujer. Se habían encontrado en una fiesta. Sus temores habían atraído realmente la situación. Conocí a una mujer que tenía siete niños. Supo que todo está protegido Divinamente y que ellos crecerían sanos y salvos. Un día llego un vecino preocupado y le dijo, "sería mejor que llamara a sus niños, están subiendo y bajándose de los árboles, ¡se van a matar!" Mi amiga contestó, "oh, sólo están jugando a esconderse en el árbol. No los mire y nada les pasará." Al igual que Daniel, ella invirtió la situación y permitió que Dios los cuidara.

La persona promedio es un resentido, un opositor, o un pesaroso. Se resienten con las personas que saben y con las que no saben. Se oponen a todo desde que amanece. Les apesadumbra todo lo que hacen y lo que no hacen. Es muy desgastante estar con **esas** personas. Cansan a todos sus amigos. Esto es porque no viven en el maravilloso AHORA y pierden todas las jugadas en el juego de vida.

Es el cielo el estar sin temor y vivir totalmente en el AHORA; esto es, no tener miedo para usar lo que tenemos, saber que atrás de nosotros está la esfera de la abundancia atrayéndonos. Sabemos que esta fe audaz y la palabra hablada liberan ese suministro. El poder de la palabra fue conocido en Egipto desde hace miles de años.

Leemos en la Biblia, "¡Mirad todas las cosas nuevas que he hecho!" Por nuestras palabras de la Verdad es que podemos hacer nuevas nuestras mentes, cuerpos y asuntos. Cuando se nos borra todo temor vivimos vidas mágicas. Al igual que Josafat, es que vamos avanzando sin temor cantando: "Alabado el Señor, Su misericordia permanecerá por siempre." En nuestra atalaya de elevada consciencia, permanecemos tranquilos y contemplamos la salvación del Señor.

La cristiandad se funda en la fe. La fe nos da una convicción sublime para ser buenos. Está uno rodeado por circunstancias adversas, pero esta convicción sublime impresiona la mente subconsciente, y se abre un camino para la manifestación de la salud, la riqueza y la felicidad. Hay un suministro interminable, invisible para cada hombre. "Antes de que llamemos se nos contestará." Este suministro está esperando para ser liberado por la fe y la palabra hablada. Encontramos que Jesucristo lo enseñó como una ciencia exacta.

En la Feria Mundial había una panorámica de la ciudad de Nueva York en el Edificio Edison. En el crepúsculo cuando la ciudad iba siendo iluminada y los edificios mostraban una miríada de luces; el hombre que explicaba la exhibición, nos dijo: "La ciudad es iluminada por el poder de la electricidad al giro de un interruptor; el giro de una mano." Edison fue el hombre que tuvo fe en las leyes de la electricidad. Supo lo que se podía hacer con ella si se aprovechaba y dirigía. Parecía tener inteligencia propia. Creó un dínamo que se pudiera utilizar, después de años de paciencia y amorosa absorción en su trabajo. Ahora este poder enciende el mundo, porque él supo aprovecharla y dirigirla.

Jesucristo enseñó al hombre a dirigir y aprovechar su pensamiento. El sabía que el temor era tan peligroso como las fuerzas eléctricas sin control. Las palabras y los pensamientos se deben manejar con sabiduría y comprensión. La imaginación es el taller del hombre, y una idea funcionando desbocada, construye una imagen de temor, y es casi tan segura como montar un potro cerril.

Nacemos y llevamos hasta la edad adulta la duda y el temor. Decimos que la época de los milagros se acabó y esperamos por lo peor. Una persona optimista se ríe de esto. Un comentario luminoso fue: "Un pesimista es una persona que vive con un optimista." "Come las manzanas manchadas primero," fue un pensamiento de elevada sabiduría. No parecieron darse cuenta que siguiendo este consejo nunca alcanzarían las manzanas buenas, para ellos, estaban demasiado manchadas por el tiempo que estuvieron fuera de su alcance.

Qué mundo tan bello sería si toda la ansiedad y el miedo fueran borrados. Esos gemelos, la ansiedad y el miedo, han hecho a los hombres trabajar como esclavos y son destructores de la salud, la riqueza y la felicidad. Hay sólo una manera de librarse del miedo, y esta es, transmutándolo en fe; para el miedo lo opuesto es la fe. "¿Por qué están temerosos, Oh vosotros de poca fe?" Estas palabras resuenan desde hace siglos. Jesucristo enseñó que el hombre estando en el Padre, puede confiar absolutamente en su guía, su protección y su suministro, siempre que el hombre lo crea posible. Jesucristo demostró este Poder de Dios una y otra vez para convencer a sus seguidores. Fue del suministro invisible que trajo los panes y los peces; levantó a los muertos; y tomó el dinero de las bocas de los peces. Les dijo, "Grandes cosas se harán, por donde voy."

Sabemos que enseñó una ciencia exacta, la ciencia de la mente, el poder del pensamiento y el poder de la palabra. Que debemos tener fe, porque la fe registra las ideas en la mente subconsciente. Cuando se registra una idea por primera vez en el subconsciente, debe ser objetiva. Esa es la razón por la que Jesucristo les dijo a esas personas que si creían (lo cual era tener fe), todo las cosas serían posibles.

¿Cómo librarnos de esta ansiedad, a la cuál podemos llamar "anti-fe"? La única forma de neutralizarla es caminar por encima de las cosas que te están asustado.

Había un hombre que había perdido todo su dinero. Vivía en cuartos miserables y todas las personas cercanas a él también eran muy pobres y tenía miedo de gastar lo poco que tenía. Todo su capital eran aproximadamente cinco dólares. Había tratado de conseguir algún trabajo pero cada vez que lo tenía, lo perdía. Despertó una mañana contemplando otro día de escasez y desilusión, cuando la idea (o corazonada) llegó a él; iría a una exhibición de caballos. Tomó todo lo que tenía y se despidió con la idea de estar con personas ricas y exitosas, de nuevo. Ya estaba aburrido de su ambiente limitado. Sin temor gastó el dinero en un boleto para la Exhibición Ecuestre. Allí encontró un viejo amigo, quien le dijo: "¡Hola Jim!, ¿dónde has estado todo este tiempo?" Antes de que la exhibición terminara el viejo amigo le dio una posición maravillosa en su empresa. Su corazonada y actitud audaz hacia el dinero lo habían puesto en una nueva vibración de éxito.

Forma el hábito de hacer grandes balanceos en tu fe. Recibirás respuestas maravillosas.

Como se habrá notado ya, miramos con asombro a las personas que en el circo ejecutan sus actos notables. Estas personas tienen fe en que pueden ejecutar estos actos, y vemos como los hacen. No podrás lograr nada si no puedes verte a ti mismo lográndolo. Estos actos difíciles son toda una materia de preparación y equilibrio. Tu éxito y tu felicidad dependen de tu preparación y tu equilibrio. Confiar en Dios es igual que caminar en la cuerda floja. La duda y el temor son la causa de que pierdas el equilibrio y de que caigas en las carencias y limitaciones. Igual que el ejecutante del circo, hay que practicar. No importa cuantas veces caigas, inténtalo otra vez. Pronto adquirirás el hábito de la preparación y el equilibrio. Entonces el mundo será tuyo. Caminará contento en su reino. Todos los ejecutantes del circo parecen amar su trabajo, no importa que sea difícil. La banda toca, las personas aplauden y sonríen, pero recuerda, ellos entrenaron sin música y aplausos.

El ritmo, la armonía y el equilibrio son las llaves hacia el éxito y la felicidad. Cuando estás fuera de ritmo, estás fuera de suerte.

En el cuarto capítulo de los Filipenses leemos: "Sé cauteloso (o ansioso) por nada; pero en todo por la oración y las súplicas, con la acción de gracias, es que tus demandas son del conocimiento de Dios." Este es ciertamente un arreglo maravilloso, todo en favor del hombre. El hombre, libre de cuidados y temores, pregunta con acción de gracias, y su bien le es dado.

Victoria y realización

Victoria y realización son dos palabras maravillosas y desde que nos dimos cuenta de que estas palabras y pensamientos son una forma de radioactividad, escogemos cuidadosamente las palabras que queremos ver cristalizadas.

La vida es un crucigrama, la palabra correcta te da la respuesta. Muchas personas están usando con ligereza las palabras destructivas en su conversación. Escuchamos que dicen: ¡Estoy quebrado! ¡Estoy enfermo! Recuerden que por sus palabras serán justificados y por sus palabras serán condenados. Estás condenado por ellas porque no regresan nulas. Cambia tus palabras y cambiarás tu mundo, porque tu palabra es tu mundo. Escoges tu comida y el mundo está ahora consciente de sus calorías. Las personas no emplean más tiempo en comer tortas de trigo, bistec, papas, pastel y tres tazas de café por desayuno. Se mantienen en su peso porque comen pan tostado y jugo de naranja. Es una disciplina tremenda, pero trabaja para sus resultados. ¿Por qué no pruebas una dieta de las palabras correctas?; porque literalmente estás comiendo tus palabras. Ese es el valor de la afirmación. Estás edificando deliberadamente una idea constructiva en tu consciencia. Tu consciencia será atiborrada y bloqueada con ideas destructivas; pero haciendo continuamente una declaración de la Verdad, se disolverán esas formas de pensamientos negativos. Esas formas de pensamientos han sido edificadas en tu vano imaginar. Quizás como un niño que se le enseñó que la vida es dura, la felicidad fugaz, y que el mundo es frío y poco amistoso. Estas ideas serán impresas en tu subconsciente, y encontrarás las mismas cosas que se predijeron. Con un conocimiento de la Verdad se cambian todas estas imágenes externas, para ellos son sólo imágenes, las cuales cambian cuando tus creencias subconscientes cambian.

Cuando les digo a las personas acerca del poder de la palabra, y que esas palabras y pensamientos son una forma de radioactividad y que no regresan nulas, me dicen: "¿Oh, es tan fácil como eso?" Hay muchas personas que les gustan las cosas problemáticas y difíciles de entender. Creo que esa fue la razón para que las enseñanzas increíblemente simples de Jesucristo se olvidaran después de unos cientos de años. Las personas construyen sus credos y ceremonias con tan sólo la mitad de lo que entienden. Ahora, en este siglo veinte, las cosas confidenciales están siendo reveladas y tenemos de nuevo un Cristianismo primitivo.

"¡Pregunta, cree, tú recibirás!" Sabemos que nuestras creencias o expectativas se impresionan en el subconsciente y se llevan a cabo. Podemos decir, si preguntas y no crees; no recibirás. La fe crea esperanza.

Esta Inteligencia Infinita en la que el hombre obtiene su suministro es llamada por Jesucristo, "Su Padre Celestial." En el Padre, El lo describe como un padre amable y amoroso deseoso de verter todas las cosas buenas sobre Sus niños. "No temas, rebaño pequeño, es un gran placer de tu Padre el darte su Reino." Les enseñó que la ley de Dios era simplemente una ley de amor y buenos deseos. "Ama a tu prójimo como a ti mismo." "Hazlo por otros como si lo hicieras por ti." Cualquier violación de la ley de amor causa un corto circuito. "El camino del transgresor es duro." Dios es la ley inmutable "Yo soy el Señor (la ley), y no cambio."

Las ideas divinas son inmutables, no están sujetas a cambio. Qué palabras tan maravillosas "Inmutables; no están sujetas a cambio."

Una mujer acudió a mí llena de miedos y presentimientos. Me dijo que por años había sido perseguida por el temor de que algo le pasaría y la dañara si recibía el deseo de su corazón. Le di la declaración: "El Plan Divino de tu vida es una idea perfecta en la Mente Divina, incorruptible e indestructible, y no puede ser dañada de ninguna forma." Una gran carga fue liberada de su consciencia. Por primera vez en años tenía un sentimiento de alegría y libertad. Conoció la Verdad y la Verdad le dio un sentido de libertad, muy pronto sintió la libertad real en lo externo.

Esta Inteligencia Suprema es la que hace al hombre llegar a ser uno con ella cuando habla la palabra. Esta Inteligencia Suprema espera del hombre su dirección, pero debe tener el camino correcto, y no se debe de limitar.

La Actividad Divina en nuestro cuerpo trae salud. Hay una sola enfermedad, la congestión, y una cura, la circulación. La congestión y el estancamiento son la misma cosa. Las personas dicen "entró en un bache." Una idea nueva los sacará del bache. Debemos salir del bache de los pensamientos negativos.

En el diccionario, la palabra entusiasmo, se define "ser inspirado o poseído por un dios." El entusiasmo es el fuego divino y enciende el entusiasmo en otros. Para ser un buen vendedor tú debes mostrar entusiasmo por los artículos que vendes. Si estás aburrido con tu negocio o indiferente, los fuegos salen, y nadie por su propia voluntad se interesará.

Una mujer vino a verme para lograr el éxito en su negocio. Me dijo, "tengo una tienda, pero normalmente está vacía. Es tanto mi fastidio que la abro hasta muy tarde, ¿en qué la empleo?" Le contesté, "no hay desde luego un empleo más grande como el sentir en la forma que lo haces. Estás manteniendo a las personas alejadas. Convierte en entusiasmo lo que tienes que vender. Se entusiasta contigo misma. Se entusiasta con el Poder de Dios que esta dentro de ti, y ve temprano a abrir tu tienda y aguarda lista para la gran muchedumbre."

Por ese tiempo estaba herida con la esperanza divina. Se apuraba a llegar a su tienda tan temprano como le era posible y las personas ya la estaban esperando afuera y fluían todo el día.

Las personas a menudo me dicen, "le obsequio mi negocio." Y les digo "no; trataré por usted, para USTED es su negocio."

Su calidad de pensamiento penetra en cada artículo de venta y todas las condiciones se conectan con él. Jesucristo fue un entusiasta divino con el mensaje que

El tenía que traer del Padre que mora dentro de cada hombre. Era un entusiasta en relación con la fe. Les dijo a las personas que cualquiera de ellos que "preguntara en Su nombre", se le daría. Fue un mensaje de preguntas y recepciones. Les dijo como condes-cender con la ley espiritual. "Pregunta, cree, y tú recibirás." "Cuando oras crees que ya lo tienes." "¿Por qué están temerosos, oh, vosotros de poca fe?"

Después de dos mil años, Su fuego divino, se vuelve a encender en la consciencia de todos los estudiantes de la Verdad. Tenemos un renacimiento Cristiano, un naci-miento nuevo, un reavivamiento de la Cristiandad. El enseñó los principios universales, sin credos o ceremonias. Vemos miembros de todas las religiones y denomi-naciones, viniendo a este movimiento de la Verdad. No está lejos de sus iglesias. De hecho, muchos clérigos ahora enseñan que los metafísicos son los preceptores; pero Jesucristo es el más grande de todos los metafí-sicos, porque El probó Sus principios y trajo milagros a su paso. Envió por delante a Sus discípulos, "a predicar el Evangelio y sanar al enfermo." Por aproximadamente trescientos años Su mensaje sobrevivió, después, se perdió Su fuego divino y las palabras, "tú serás sanado," ya no fueron dichas. El credo y las ceremonias tomaron su lugar. Ahora vemos a las personas reunirse en los

Centros de la Verdad para ser sanados, bendecidos y prosperar. Han aprendido a "orar bien," y tienen la fe de la comprensión.

Una mujer me habló de la contestación de su oración. Su hijo le escribió que iba al sur de California en un viaje de negocios en su carro. Ella leyó en el periódico de esa mañana sobre un diluvio, e inmediatamente habló la palabra para la protección divina. Tenía un gran sentimiento de seguridad, sabía que sería protegido. Pronto supo de él, le dijo que algunos negocios habían interferido con su viaje, por lo que se detuvo. Si hubiera salido cuando lo tenía planeado, habría estado en el distrito del diluvio. Llegamos a ser divinamente entusiastas acerca de la contestación de nuestras oraciones, a las cuales llamamos "demostraciones," por lo que pretendemos tener demostrada la verdad y permanecer en un estado fijo, libre de algunas limitaciones.

El Salmo veinticuatro es uno de los más entusiastas entre muchos Salmos de alabanzas y acción de gracias.

"Alzamos nuestras cabezas, sobre vuestras verjas y que sean abiertas vuestras puertas eternas; y el Rey de la Gloria entrará. Quien es ese Rey de la Gloria, el Señor fuerte y poderoso, el Señor poderoso en batalla."

Las verjas y puertas simbolizan la consciencia del hombre. Cuando se eleva en la consciencia, se pone en contacto con el superconsciente, dentro de Dios, y el Rey de la gloria entra. Este Rey de la gloria alza tus cargas y lucha tus batallas, resuelve tus problemas.

Las personas promedio tienen tiempos difíciles PERMITIENDO que el Rey de la gloria entre. La duda, el miedo y la aprehensión mantienen las puertas y verjas cerradas con llave, dejando afuera su bien.

Una estudiante me contó de una situación que atrajo por un pensamiento negativo. Había sido invitada a una reunión por sus antiguas y estimadas amigas. Era de suma importancia para ella el estar allí. Estaba tan ansiosa de ir, que decía repetidamente, "oh, espero que nada pase o interfiera." Llego el día de la recepción y despertó con un dolor de cabeza terrible. Hacia tiempo que había estado sujeta a esos dolores de cabeza, recostada por varios días, pero eso había sucedido hacía muchos años. Sus dudas y temores le habían atraído esa desilusión. Me llamó diciéndome, "por favor habla la palabra para que esté bien por la tarde y pueda ir a la recepción." Le contesté, "por supuesto, nada puede interferir con el diseño perfecto de Dios." Así que, hablé la palabra. Más tarde, me contó de su milagro. Me dijo que a pesar de cómo se sentía, se preparo para ir. Limpió sus joyas, tuvo listo el vestido que iba a llevar y se ocupó de cada detalle; aunque se sentía muy débil para moverse. Después, ya casi en el atardecer, me dijo que tuvo una sensación peculiar, como de una niebla que se alzaba en su consciencia, y se sintió absolutamente bien. Fue a la recepción y tuvo una velada maravillosa. Creo que la curación pudo haber venido más rápidamente si ella no hubiera dicho, "quiero estar bien por esta noche." Nos limitamos continuamente por nuestras palabras, de tal forma que hasta que llegó la noche, ella no se sintió completamente bien. "Por sus palabras serán justificados y por sus palabras se les condenará."

Conocí a un hombre quien era el centro de atracción dondequiera que fuera, porque siempre se mostraba entusiasta acerca de todo. Si se trataba de zapatos, ropa o un corte de cabello, entusiasmaba a otros para que compraran las mismas cosas. No obtenía nada material para él, tan sólo era su natural entusiasmo. Alguien ha dicho, "si quieres interesar a otros, interésate por algo." Una persona interesada es una persona entusiasta. A menudo oímos a la gente decir: "Dime en que estás interesada."

Muchas personas están sin intereses vitales y tienen hambre de oír lo que otras personas hacen. Están usualmente con el radio prendido desde muy temprano hasta altas horas de la noche. Se deben entretener cada minuto. Sus propios asuntos no tienen bastante interés.

Una mujer una vez me dijo: "Me encantan los asuntos de las otras personas." Vivía en el chisme. Su conversación constaba de, "se lo dije," "se lo di a entender" o "oí." Es innecesario decir que ella pagaba así su deuda Karmica. Una gran infelicidad le había dado alcance y todo el mundo sabía acerca de sus asuntos. Es peligroso abandonar tus propios asuntos y tener una curiosidad ociosa en lo que los otros están haciendo. Todos debemos estar comprometidos en perfeccionarnos, y tomar un interés bondadoso en los otros.

Saque el mejor partido de sus desilusiones por transmutarlas en sorpresas felices. Transmute todo fracaso en éxito. Transmute todo lo imperdonable en perdón; toda injusticia en justicia. Así se mantendrá bastante ocupado perfeccionando su propia vida, no tendrá tiempo para correr tras los asuntos de otras personas.

Jesucristo despertó el entusiasmo de las multitudes, al realizar sus milagros, por la curación de los enfermos y por el levantamiento del muerto. "Y una gran multitud lo siguió porque vieron Sus milagros que hacía en aquellos que estaban enfermos." Cuando leemos esto, sentimos el entusiasmo de las multitudes que lo rodearon a El. Con El todas las cosas fueron posibles, por El conocimos que El y el Padre eran, verdaderamente, uno.

Con entusiasmo divino bendigo lo que tengo, y contemplo con asombro su incremento.

TITULOS DE
ESTA COLECCION

El Juego de la Vida

El Poder Mágico de la Palabra

La Puerta Secreta hacia el Exito

Tu Palabra es tu Varita Mágica

Impreso en los talleres de
Trabajos Manuales Escolares
Oriente 142 No. 216
Col. Moctezuma 2a. Secc.
Tels. 784-1811 y 784-1144
México D. F.